역사로 여는
과학문화유산 답사기 2

전통 마을 ❶편

역사로 여는

과학문화유산
답사기

이종호 글·사진

2

전통 마을

1 편

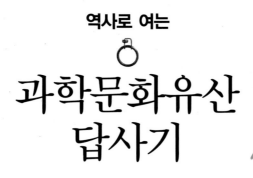

흙이 깬 모리를 돌아보다
대숲에 둘러싸여 신비감을 더하는 곳

온맹과 동날쌔는 누가 입을까
식당 하나 없는 진실한 전통 마을
돌하르방, 골길에서 마을을 지키다

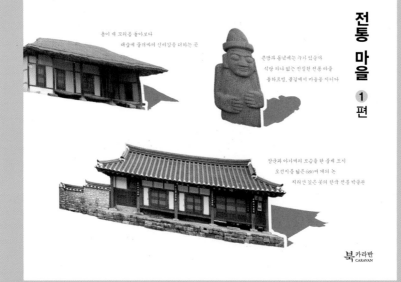

당군과 아기박의 모습을 한 중네 도시
오천지를 닮은 689여 개의 논
지리산 깊은 곳의 탄국 전통 박물관

북카라반
CARAVAN

들어가는
말

　마을은 촌락, 부락, 취락 등과 같은 의미로 쓰이며 일반적으로 '외
부로부터 은폐되고 자연 울타리인 골을 테두리로 같은 물을 사용하면
서 공동체 생활을 하기 편리한 행정적 단위 공간'으로 정의한다. 그러
므로 전통 마을은 선조들의 삶과 문화가 공간 속에 배어든 토속적 문
화 경관의 표상이라 할 수 있다. 경관이란 보이는 대상으로서의 '경景'
과 보는 주체로서의 '관觀'이 결합된 단어로 경치와 사람의 상호 관계
속에서 성립되는 개념이다.

　근대 한국의 개발 신드롬을 생각하면 고대부터 내려온 전통이 보
존되기를 기대하는 것은 헛된 꿈이나 마찬가지다. 최소한 30~100여
호 이상의 마을에서 길, 외부 공간, 조경을 훼손 없이 보존하려면 개인
이나 가족 차원의 노력만으로는 힘들기 때문이다. 그런 불가능할 것
같은 역경을 이겨내고 아직까지 과거 환경을 보존하고 있는 전통 마
을들이 있음은 놀랄 만한 일이다.[1]

　한필원 교수는 우리의 전통 마을을 사상, 문화, 사회, 환경이라는

■
과학이 있는 한국의 전통 마을은 지속 가능한 장소라는 뜻이다.

측면에서 접근할 필요가 있다고 주장했다. 위와 같은 명제로 정리해 나간다면 한국 전통 마을의 실체를 파악할 수 있다는 뜻인데, 이들 전체가 과학을 전제로 함은 물론이다. 전통 마을에 과학이라는 잣대를 동원하면 이해하기 쉽다는 뜻이다.

과학이 있는 한국의 전통 마을은 지속 가능한 장소라는 뜻이다. 그렇다면 어떤 곳이 그런 장소일까. 답을 찾기 위해 전통 마을의 설계 방법을 제시한 책을 살펴보자. 『택리지』, 『산림경제』, 『임원경제지』, 『경국대전』, 『주자가례』 등이다.

이중환이 『택리지』에서 제시한 주거지 선정의 기준은 자연 환경에 해당하는 지리地理, 지역 경제 기반으로서의 생리生利, 풍속과 공동체 의식 등 사회적 인자로서의 인심人心, 인간과 자연의 심리적 조화를 강조한 휴양 공간으로서의 산수山水 등 4가지다.

유토피아 사상은 서양의 지리관을 반영해 이상향을 기하학적 도형 위에 설계된 평면 공간으로 인식하는 경향이 강하다. 이에 비해 이중환의 가거지可居地는 우리 국토를 지형의 기복이 있고, 기후가 다른 자연 지역 위에 존재하는 역사적 공간으로 보고 있다. 이중환은 각 지방이 지닌 개성과 질을 중요시했으므로 결코 모든 지방을 하나의 획일적인 틀에 맞추려 하지 않았다.[2]

그는 전국적인 인구 증가에 따른 경지 확장과 이로 인한 산지의 황폐화를 주목해, 임상의 파괴로 발생하는 토양 침식이 하천에 미치는 영향을 관찰했다. 침식된 토양은 강을 타고 하류로 운반되어 하상에 퇴적되기 때문에 강의 수심이 얕아진다고 추론했다.

이로 인해 한강 하구부터 마포, 용산에 이르는 수로가 토사로 매몰되어 수심이 얕아지고, 결국은 조수가 미치지 못해 선박의 통행에 막대한 지장을 초래하고 있음을 지적했다. 놀라운 과학적 지식의 산물이라 볼 수 있다.[3]

이중환의 특별함은 산수가 좋은 곳은 생리가 박한 곳이 많음을 볼 때, 입맛에 맞는 지속 가능한 거주지를 찾는 것이 간단하지 않다는 것을 갈파했다는 점이다. 그는 거주의 기본으로 기름진 땅뿐 아니라 사람과 물자가 모여들어 물품을 상호 교환할 수 있는 경제적 측면과 자급자족할 수 있는 환경적 측면을 강조했다. 특히 가까운 곳에 마음 내키는 대로 감상할 만한 산수가 없으면 정서를 확장하지 못한다고 하면서도 경제적인 측면을 먼저 고려한 후 여가를 생각하라고 했다. 이중환의 생각은 간단하다. 경제 활동이 기본이 되는 조건을 우선적으로 생각해야 한다는 것이다.[4]

전통 마을의 설계 방법을 제시한 『택리지』, 『산림경제』, 『임원경제지』(왼쪽부터).

홍만선(1613~1715)은 주자학을 비판하고 실용후생 학풍을 일으킨 선구자로 『농사직설』, 『농가집성』, 『지봉유설』 등을 참고해 『산림경제』를 편찬했다. 이 책은 18세기 이후 조선 사회의 농업 기술 보급 및 농서 발간에 크게 기여한 대표적 향촌 경제 기술서로 평가된다. 그는 집터를 선정할 때는 반드시 지세의 기운이 모이고 전면과 배후가 안온한 곳을 가려야 한다고 기술했다.

즉 주택 자리를 잡을 때는 풍기風氣의 장취藏聚와 앞뒤가 안온한가, 집을 오래 보존할 수 있는가를 고려해야 하며, 북쪽을 바라보고 있는지 남쪽을 바라보고 있는지 살필 것을 권했다. 집터는 넓고 윤택하며 건조하고 양기가 흐르는 곳과 후고전저의 지형 조건, 서쪽과 남쪽의 대로를 권하고 있다.

특히 이 책에서는 정주지의 환경 계획 밑그림이라 할 수 있는 계획안을 소개하고 있는데, 동양 철학의 원리인 역易에 바탕을 둔 하도*

* 하도(河圖)

중국 복희씨 때, 황허 강에서 용마가 지고 나왔다는 쉰다섯 점으로 된 그림. 동서남북 중앙으로 일정한 수로 나뉘어 배열되어 있으며, 낙서와 함께 주역의 기본 이치가 되었다.

와 낙서*를 기본 형태로 하고 있으며 동양의 고대 공간 계획 원리인 만다라(중심과 본질을 뜻함) 도형에 바탕을 두고 있다.

서유구의 『임원경제지』는 『임원십육지』라고도 불리며, 정주지 환경 조건을 제시하면서 입지론과 토지 이용, 정관 등에 관한 규범적 원칙을 광범위하게 언급하고 있다.

* 낙서(洛書)

중국 하나라 우왕이 홍수를 다스릴 때, 뤄수이 강에서 나온 거북의 등에 쓰여 있었다는 마흔다섯 개의 점으로 된 아홉 개의 무늬. 팔괘와 홍범 구주가 여기에서 비롯한 것이라고 한다.

"두르고 있는 산은 험준하지 않되 가라앉지 않으며 동산은 완만하게 이어지면서도 집중되지 않고 들판은 너르고 양명한 곳을 골라야 한다. 잘 자란 나무를 심으며 물이 잘 빠져나가게 하고 집 곁에는 남새밭이나 기장과 벼를 심을 수 있는 논밭이 있어야 하며 물고기를 잡거나 관개할 수 있는 시냇물이 있어야 한다. 시냇물 너머에는 아름다운 산록이 있어 조망할 수 있어야 한다."

한편 서유구도 집을 향해 들어오는 길은 곡선이어야 좋고 수로나 산의 맥이 직선으로 들어오는 것은 충파衝破라 해 좋지 않다고 했다. 대로 앞에 교차로나 정자형 도로가 있거나 집의 서면이 도로로 에워싸인 곳은 흉하다는 것이다.

서유구가 강조한 것은 풍수적 의미의 사상四象이 결여되었을 경우의 대안이다. 그럴 경우 동쪽에는 복숭아나무와 버드나무, 남쪽에는 매화나무와 대추나무, 서쪽에는 치자나무와 느릅나무, 북쪽에는 사과나무와 살구나무를 심는 것이 좋다고 했다. 수목의 기능적인 측면과 생태적인 특성을 복합적으로 고려한 마을 설계가 필요하다는 점을 역설한 것이다.

또한 서유구는 『택리지』를 준용해 지리, 생리, 인심, 산수는 마을

＊ 낙토(樂土)
늘 즐겁고 행복하게 살 수 있
는 좋은 땅.

의 자리 잡기 같은 택리에서 상호 밀접한 필요충분조건으로 작용해야 함을 강조했다. 이런 조건이 충족되어야 살 만한 땅, 즉 낙토＊가 될 수 있다는 것이다.

선조들이 견지했던 터 잡기 논리는 자연 순응적이며 친환경적인 토지 이용을 기본 전제로 생태적인 접근을 지향하고 있음을 알 수 있다. 낙토로서의 마을 자리 잡기와 가꾸기 과정은 오늘날 공간에 대한 이해와 평가, 잠재력 및 대안 제시 등 경관 설계 과정과 일맥상통한다. 온고지신의 의미를 일깨우는 환경 설계 논리인 것이다.[5]

그러나 한국인의 장점은 규례가 현실과 다소 동떨어질 경우 이를 과감히 버리고 새로운 아이디어를 창출하는 것을 게을리하지 않는다는 것이다. 『주자가례』에서는 사당을 안채의 동쪽에 두라고 했지만 한개마을은 사당을 안채의 서쪽에 두었다. 이는 조상들이 과학에 입각한 현실을 얼마나 민감하게 생각했는지 보여준다.[6]

공간은 인간에게 더 쾌적한 환경이어야 하고, 이를 위한 원천적인 문제는 과학이 해결한다. 전통 마을을 답사하면 과학적인 아이디어를 수시로 발견할 수 있다는 것이다. 마을을 잘 분석하면 그 마을의 문화가 형성된 배경뿐 아니라 마을을 조성한 사람들의 과학적 속성까지 읽을 수 있을 것이다. ❀

차
례

一步

외암마을

외암마을

✚

충남 아산군 송악면

첫 번째 답사지로 외암마을을 잡은 데는 충분한 이유가 있다. 중요 민속 문화재로 지정된 일곱 마을 중 하나이며 앞으로 답사할 마을 중에서 가장 독특한 성격을 지니고 있기 때문이다.

전통 마을이라고 언제나 환경적으로 완벽한 조건에서 형성되는 것은 아니다. 한국의 땅덩어리가 그다지 크지 않으므로 마을이 들어서기에 이상적인 입지가 많을 수는 없다. 그러므로 풍수지리 등을 고려할 때 완벽하게 입맛에 맞는 천혜의 입지보다 여러 가지 면에서 불리한 입지에 조성된 마을이 더 많다. 외암마을도 그중 하나다.

외암마을의 기본적인 지형 조건을 보면 광덕산에 북쪽으로 뻗은

■
외암리는 불리한 환경에 있지
만 나름의 노하우를 발휘해
전통 마을의 입지를 다졌다.

설화산(441미터)을 주산으로 하고 멀리 남서쪽에 위치한 봉수산(535미
터)을 조산으로 한다. 설화산은 마을 남쪽 약 4.8킬로미터 지점에 있는
광덕산에서 북쪽으로 뻗은 금북정맥에 속하는 산악이다. 다섯 봉우리
가 솟아서 오봉산이라고도 한다. 마을 사람들은 외암리의 내맥을 회
룡고조回龍顧祖 형국이라고 보는데 용이 제 몸을 휘감아 꼬리를 돌아보
는 모양을 말한다.

　　외암이라는 이름은 마을 입구에서 뒤편으로 바라보이는 설화산
바위에서 연유했다는 설명도 있지만 대체로 외암리 서쪽에 있는 역말
과 관련 있다고 추정한다. 이곳에는 조선 초기부터 시흥역이 있었는데

외암마을은 말을 거두어 먹이던 곳이므로 오양골이라고 불렀고 오양의 '오야'에서 외암이라는 마을명이 유래했다는 것이다. 마을 정면의 야트막한 산이 면장산이다. 주민들은 흔히 '면적산'이라고 하는데 주변 산악 가운데 가장 먼저 떠내려와서 머물렀다는 이야기도 전해진다.

외암마을은 전통 마을의 기본인 배산임수형이 아니다. 우선 마을과 산 사이에 논이 있어 산기슭에 기대어 있지 않다. 더욱이 마을의 북쪽과 서쪽으로 큰 내가 흐르고 있어 풍수지리상 백호와도 거리가 멀다. 그러므로 겨울에 북서 계절풍에 노출되는 등 환경적으로 불리하기 짝이 없다. 물론 이렇게 열악한 입지임에도 중요 민속 문화재로 지정된 까닭은 나름대로의 노하우를 발휘해 전통 마을의 특성을 보유했기 때문이다.

봉수산과 설화산의 맑고 깨끗한 물과 공기를 이어받은 외암마을에는 500여 년 전 강씨와 목씨가 살았고 일정 기간 동안 평택 진씨가 주로 살았다. 지금도 참봉 진한평의 묘가 외암마을 남쪽으로 약 500미터 거리에 있다. 그런데 16세기에 이사종(?~1589)이 참봉 진안평의 맏딸과 결혼하면서 예안 이씨 일가가 정착하기 시작했다. 전통적인 혼인 풍속인 남귀여가*가 행해지던 시기이므로 이곳에 들어온 것이다.[7]

그러나 외암마을이 본격적으로 예안 이씨의 터전이 된 것은 입향조 이사종의 5대손 외암 이간(1677~1737)부터다. 그는 숙종 36년(1710) 장릉 참봉에 천거되었지만 취임하지 않았는데, 숙종 42년(1716) 다시 천거되자 세자시강원 자의가 되었다. 당시 조정에서 그의 나이가 젊은데도 벼슬이 뛰어오름을 논란하는 사람이 많았다는 것을 볼 때 능력이 매우 탁월했던 모양이다.[8] 이후 종부시정, 회덕현감, 충청도도사

* 남귀여가(男歸女家)
남자가 신부가 될 여자 집으로 가서 혼례를 치른 뒤 그대로 처가에서 살다가 자녀를 낳아 자녀가 성장하면 본가로 돌아오는 한국 고유의 혼인 풍속의 하나.

등을 제수받았으나 모두 사양하고 향리에서 주로 지내면서 권선재를 건립해 후학들을 가르쳤으며 『외암유고』를 남겼다. 그는 조선 후기 강문팔학사江門八學士의 한 명으로 호서 사림파의 학맥을 계승한 것으로 명망이 높았다. 51세인 1737년에 사망하자 정조는 이조참판을, 순조는 이조판서를 추증했다. 문정공이라는 시호를 받고 사후에 불천지위*로 모셔지면서 외암마을이 예안 이씨의 씨족 마을로 자리를 굳힌다. 외암의 묘는 현재 마을 입구의 소나무 숲에 서향으로 위치해 있다.⁹

　외암리는 조선 후기에 많은 과거 급제자를 배출했다. 이성렬은 고종 때 문과에 급제해 응교, 직각승지, 대사성, 참찬까지 지냈으며 독립 운동에 관여했다. 퇴호 이정렬(1868~1950)도 고종 때 과거에 급제해 이조참판에 이르렀으며 고종으로부터 '퇴호거사'라는 호를 받았다. 이정렬은 근현대사의 증인이기도 하다. 이정렬의 할머니가 명성황후의 이모로 그는 어려서부터 명성황후의 사랑을 받았다고 한다. 17세 때(1884) 갑신정변이 일어나자 위험을 무릅쓰고 내전에 들어가 사건의 전말을 명성황후에게 고해 명성황후로부터 직접 '원대지기遠大之器'라는 칭송을 들었다.

　24세 되던 해 과거에 급제하고 관직 생활에 들어섰는데 34세 때 일본이 강제로 통상 조약과 사법권 이양을 요구하자 고종에게 상소를 올려 당시 책임자인 외부대신을 탄핵할 것을 주장했지만 받아들여지지 않자 자신은 나라를 팔아먹는 조정의 신하가 될 수 없다며 관직을 포기하고 낙향했다. 관직에서 물러나자 고종이 직접 복직하라는 전교를 내렸으나 끝내 사퇴했고, 일제 강점기가 되자 충남 일대의 항일 운동에 큰 영향을 미친다. 참판댁은 이정렬이 살던 집이다.

* 불천지위(不遷之位)
예전에 큰 공훈이 있어 영원히 사당에 모시기를 나라에서 허락한 신위.

외암마을은 입구를 가로질러 흘러가는 개천으로 안과 밖이 명확하게 구분된다. 개천의 다리를 건넘으로써 마을로 들어가므로 다리를 건너지 않으면 아직 마을 밖에 있다는 의미다. 따라서 이 개천은 마을의 경계를 알려주는 중요한 요소다.

대부분의 전통 마을에는 다리를 건너기 전 효자, 효부의 정려각이 있기 마련인데 외암마을에는 안동 권 씨의 정려각이 있다. 권 씨는 예안 이씨 이용덕에게 13세 때 시집왔는데 불행하게도 다음 해에 남편이 요절했다. 청상과부가 된 권 씨는 늙은 시어머니를 봉양하면서 가사를 이끌다 86세에 사망했는데, 이것이 알려져 정부로부터 표창을 받자 1978년에 정려각을 세운 것이다. 장승과 솟대도 세워져 있는데 마을 입구를 상징하는 것과 동시에 마을의 안녕과 질서를 지켜주는 신앙적인 의미를 지니고 있다.

외암마을 입구에 있는 반석과 석각도 자랑거리다. 물레방아와 정자 아래 개천 바닥에 반석이 깔려 있고 마을 쪽으로 '외암동천巍岩洞天'과 '동화수석東華水石'이란 글이 새겨진 석각이 있다. 외암동천은 높이 52센티미터, 너비 175센티미터로 외암 이간의 직계 후손인 이용찬이 썼다. 동화수석은 높이 50센티미터, 너비 2미터로 역시 예안 이씨인 이백선이 썼다.

현재 개울 왼쪽에 재현되어 있는 섶다리는 외암마을의 전통을 보여주는 예다. 섶이란 작은 나뭇가지를 지칭하며 섶다리는 초겨울에 나무, 솔가지, 흙 등으로 만들어 여름 장마에 떠내려가게 했던 임시 다리의 일종이다. 매년 마을 사람들이 연중행사로 공동으로 만들면서 결속력을 강화하는 기능을 했다.

외암마을 개울 왼쪽에 있는
섶다리(위)와 석각(아래).

그러나 현재 설치된 섶다리는 원래 자리에 복원된 것은 아니다. 원래 장소는 마을 입구로 들어가는 곳이며 바닥 바위 위에 섶다리를 만들 때 사용한 돌구멍이 보인다. 둥그런 두 개의 구멍에 평상시에도 가득 개울물이 고여 있어 섶다리용임을 곧바로 알 수 있다. 한편 섶다리는 매년 홍수가 날 때 떠내려가는데 이곳의 다리는 그러지 않도록 구조를 튼튼하게 보강해 전통 섶다리와는 다소 다른 형태다.

마을의 건물들은 크게 두 가지 기준에 의해 배치되었다. 하나는 마을 가운데를 지나가는 안길을 활용한 것이고, 또 하나는 마을 동남쪽에 있는 개천을 기준으로 한 것이다. 다시 말해 마을 안길은 마을의 형상을 만들어가는 중심축으로, 개천은 마을 전체의 범위를 한정하는 기준으로 활용했다.

안길은 마을 공간을 이루는 공동 시설들과 주요 건물들을 연결하는 도로이며, 마을 입구에서 시작해 마을 후면의 주거지 경계까지 이어진다. 반면 샛길은 안길이 형성된 후 뻗어 나온 길로, 점차 조성되는 대지에 접근하는 데 이용되는 골목이다. 샛길은 남부 지방에서는 고샅, 제주도에서는 올레라고 불린다.

마을 안길을 중심으로 좌우로는 주로 주택들이 들어서고 개천 밖으로는 장승, 솟대, 상엿집처럼 사람들이 상주하지 않는 공동 시설들과 농경지가 자리 잡았다. 예안 이씨가 정착한 근원지는 명확하지 않으나 대체로 현재의 건재고택을 중심으로 가옥들이 확산되었을 것으로 추정한다.

그러므로 주거 영역은 입구의 다리가 출발점이고 후면, 즉 동남쪽은 마을 안으로 끌어들이는 물길의 출발점이자 마을 영역의 한계점

이다. 즉 물길을 벗어난 영역은 설화산의 화기가 미치므로 그 화를 피
할 수 있는 수로의 출발점까지가 마을의 범위다.[10·11]

　　다리를 건너면 동서 방향으로 주거지의 중앙을 관통하는 안길이
나타난다. 길을 따라 안쪽으로 들어가다 보면 제일 먼저 눈에 띄는 것
이 커다란 느티나무다. 높이 21미터, 둘레 3미터에 나이는 550세라고
하니 예안 이씨가 정착하기 이전부터 마을의 역사를 지켜보고 있는
셈이다.

　　마을 사람들이 느티나무를 중요시하는 것은 느티나무 앞에 단을
놓은 것으로도 알 수 있다. 현재에도 매년 음력 정월 14일 장승제를
지낸 후 느티나무제를 지낸다. 멀리서도 눈에 띄어 그 지역에서 방향
의 기준이 되는 것을 안정좌 또는 랜드마크라고 한다. 이곳의 느티나
무는 마을 입구에 있기는 하지만 마을 자체와는 다소 떨어져 있다.

　　주변 지세가 아늑한 영역을 만들어주지는 못하지만 집들이 완만
한 경사지를 최대한 이용해 외암마을의 내부에서는 별다른 허전함이
느껴지지 않는다. 주택들은 표고* 50미터에서 175미터 사이에 자리
하고 있으며 평균 경사도는 25퍼센트다. 다른 전통 마을보다 다소 높
지만 경사를 잘 이용해 집의 후면은 어느 정도 아늑하다.

　　외암마을은 위치상 겨울에 북서풍에 노출된다는 환경적 불리함
이 있다. 그러나 마을 사람들은 이런 악조건을 그대로 받아들인 것이
아니라 좀더 나은 거주 환경을 만들기 위해 여러 방안을 강구했다. 불
리한 자연 조건에 적응한 인문 경관 중에서 대표적인 것이 가옥의 평
면 구조와 좌향이다. 또한 설화산과 이간 선생 묘소를 잇는 능선상에
마을의 우백호로서 비보 역할을 하는 소나무 숲을 조성했다. 위치상

* 표고(標高)
바다의 면이나 어떤 지점을
정하여 수직으로 잰 일정한
지대의 높이.

■
외암마을은 입구를 가로질러
흘러가는 개천으로
안과 밖이 명확하게 구분된다.

외암마을의 내수로를 따라 주거지 내부로 들어온 물은 주로 안길의 북쪽 부분을 휘돈 후 앞개울로 이어진다.

마을 북쪽에 있어 방풍림 역할도 한다. 외암마을처럼 불리한 입지 조건을 환경 친화적 요소로 극복했다는 것이야말로 이상적인 입지에 자리한 마을에서 얻는 교훈이다.[12]

　　외암마을의 특징은 물이다. 앞내 강당골을 건너 마을 어귀의 정자인 반석정을 지나면 본격적인 마을 순례 길, 즉 동서 방향으로 마을 주거지의 중앙을 관통하는 안길을 따라 발걸음을 옮기게 된다. 길은 주거지의 뒷부분인 외암사당에서 끝나는데 주거지 안쪽에 들어가보면 특이하게 좁은 도랑이 마을을 누비고 있다. 이는 간단한 배수로가 아니다. 중국이나 일본에서는 물길을 적극적으로 주거지에 도입하지만 한국의 경우 배수로 이외의 수로는 대체로 주거지 외곽의 경계를 이루기 때문이다.

　　주거지 후면에는 설화산 계곡에서 내려온 개울물을 마을로 끌어들이는 유입구가 설치되어 있다. 주거지 안으로 들어온 물을 모든 길에서 끌어들여 사용할 수 있도록 유입구의 위치를 주거지의 가장 뒤로 정한 것이다. 주거지 내부로 들어온 물은 주로 안길의 북쪽 부분을 한바탕 휘돈 후 앞개울로 이어진다. 이에 따라 외암마을에서는 거의 모든 집이 물을 지척에 두고 있다. 다만 겨울철에는 개울물이 유입되지 않도록 막는다. 추운 날씨에 수로가 동파되는 것을 방지하기 위함이다.

　수로를 마을 안에 끌어들인 이유도 풍수지리와 관계있다. 마을의 주산인 설화산의 '화' 발음이 불 화火 자와 같으므로 화기를 제압하기 위해 물을 마을 안으로 끌어들였다는 것이다. 이를 풍수에서는 염승 기법이라 한다. 화를 제압한다는 것은 자연과 인간의 조화를 유지하기 위한 것이다. 자연에 순응하고 적응해 나가기 위한 선조들의 빼어난 착상이 아닐 수 없다. 물론 풍수지리적 사고가 아니더라도 수로를 흐르는 물은 유사시에 방화수로 사용될 수 있으므로 실용적인 의미도 있다. 외암마을에서 주택은 대부분 초가집이므로 불을 가장 경계한 것도 수긍이 간다.

　이택종 외암민속관관리팀장은 수로의 물에는 또 다른 실용적인 면이 있다고 설명한다. 건재고택, 교수댁 등 격식을 갖춘 몇몇 상류층 집은 수로의 물을 모아 연못을 조성했다. 수로의 물을 조경수로 사용한 것이다. 물론 비가 많이 올 때 수로가 빗물의 배수로 역할을 하는 것은 물론이다. 특히 수로의 물은 평상시 생활용수로 사용했는데 그중 가장 중요한 용도는 빨래다. 현재에도 흔적이 보이는 빨래터는 마을 사람들이 수로의 물을 공동으로 사용했음을 보여준다. 물이 주민들의 구심적 역할을 한 것이다.

외암마을에는 2012년 기준 69가구가 거주하고 있으며 그중 농가 38가구, 농사를 짓지 않는 가옥이 31가구이며 거주민은 약 200명이다. 마을 내 가옥 수는 모두 213동이며 그중 기와 건물이 57동, 초가 128동, 기타 28동이다. 1990년까지 가구 수의 절반 이상이 예안 이씨였는데 계속 줄어들어 현재 36퍼센트 정도라고 한다. 민속 마을로 지정되면서 타지의 타성들이 많이 이입되고 있기 때문이다. 씨족 마을이라는 고유한 풍모를 잃어가고 있지만 아직도 예안 이씨가 주류를 이루는 것도 사실이다.

외암리는 행정적으로 1구, 2구, 3구로 나뉜다. 외암리의 중심 마을인 외암골(오양골)과 설화산 아래의 설화리가 1구, 외암골에 인접한 윗산막골 및 아산시 방향에 위치한 아랫산막골이 2구, 윗산막골 서쪽 들판 가장자리에 위치한 새말(새마을)이 3구에 해당한다. 그러나 외암민속마을로 지정되어 있는 외암골만 외암리라고 부르는 것이 보통이며 여기서도 그 관습을 따른다.[13]

외암마을은 전통적인 상류 가옥, 중류 가옥, 서민 가옥이 함께 잔존하고 있다는 것이 특징이다. 다른 전통 마을도 마찬가지이지만 사대부의 집은 기와집이고 일반 평민이나 노비의 집은 초가집이다. 그들 간에는 남다른 갈등이 있었지만 풍경으로 만나는 조화로움은 외암마을이 지닌 아름다움이기도 하다.

외암마을에는 돌이 많다. 예부터 삼다 마을로 알려졌는데 삼다란 돌, 말, 양반을 뜻한다. 마을의 돌담은 사람들을 수백 년 전으로 되돌려보내는 타임머신의 입구 역할을 하며 이를 한번에 이으면 5.3킬로

외암마을의 담은 돌만으로 이루어졌기 때문에 배수가 잘되고 동결로 파괴되지 않는다.

미터나 된다. 외암마을은 땅 밑 일정한 지층까지 호박돌로 이루어져 있다. 이 돌을 걷어 경작지를 만들고 집터를 확보하면서 걷어낸 돌로 담을 쌓았다. 줄눈*이나 속흙 채움 없이 막돌로만 쌓아올린 담이다. 돌만으로 이루어졌기 때문에 배수가 잘되고 동결로 파괴되지 않는다. 따라서 외암마을에서는 참판댁 같은 양반 주택의 담장조차 기와를 얹지 않았다.

돌각 담장의 두께는 위로 갈수록 줄어들어 맨 윗부분은 80~90센티미터이고, 돌담의 높이는 일정하지 않지만 모두 성인의 눈높이인 1.5미터 이하다. 두 공간 사이가 눈높이 이상인 물체로 차단될 경우

* 줄눈

벽돌이나 돌을 쌓을 때, 사이 사이에 모르타르 따위를 바르거나 채워넣는 부분.

서로 폐쇄적이고 배타적으로 인식하는데 이를 의도적으로 피하려고
한 것이다. 외암마을의 돌각 담은 낙안읍성마을의 돌각 담과 함께 '아
름다운 마을 돌각 담'으로 꼽힌다. 물론 상류층 가옥에는 석회를 섞은
돌담도 보이나, 전반적으로 순수한 돌담으로 이루어져 있다. 돌담으
로 유명한 곳은 조실댁이다. 이 집을 45도 방향에서 바라보면 집의 모
양을 반복한 듯 ㄱ자형으로 조성된 돌담이 특이하다. 사람을 집 쪽으
로 이끄는 듯한 느낌을 주며, 문간이 있는 것은 아니지만 돌담으로 적
절하게 집 안을 가리는 역할도 한다.

외암마을의 길을 안길과 샛길로 나누어 살펴보면 마을의 공간 구
조를 파악하는 데 도움이 된다. 안길은 마을 입구에서 시작해 느티나
무를 거쳐 마을 뒤쪽 의암사당에 이르며 서에서 동으로 점차 높아지
는 일자형이다. 폭은 3~5미터이며 길 양쪽을 따라 조성된 돌담으로
마을 안길이 뚜렷이 규정된다. 안길을 향한 필지에서 외곽에 건물을
배치할 때는 외벽 바깥으로 다시 돌담을 둘러 되도록 건물 외벽이 담
을 겸하지 않도록 했다. 이는 필지에 다소 여유가 있기 때문이다.

더구나 안길에서 일정한 간격으로 뻗어나간 샛길은 끝이 서로 연
결되어 고리를 이룬다. 필지가 샛길과 접할 때는 길과 주거 영역 사이
에 텃밭이나 바깥마당을 두어 건물과 샛길이 직접 만나지 않도록 했
다. 그러면 앞쪽 외곽에 있는 건물 외벽이 그 자체로 주거 영역의 경계
가 된다.

외암마을에서 안길과 샛길이 만나는 방식은 십자형이기도 하고
T자형이기도 하다. 전통 마을에서 십자형으로 만나는 길은 매우 이례
적이다.

　　가옥의 건립 순서는 송화 군수를 지낸 이장현의 송화댁이 가장
빠르며 그다음으로 병사댁, 건재고택, 교수댁, 감찰댁, 조실댁, 참봉
댁, 참판댁 순이다. 이들은 대부분 안길의 북쪽에 위치한다. 안길의 동
쪽 끝은 막다른 길처럼 되어 있고 일대에 종가와 외암사당, 송화댁, 참
판댁 등 최상류층 가옥이 분포하고 있어 마을의 심층부임을 알려준
다. 안길을 기준으로 남쪽 저지대는 일반 민가와 아직 택지화되지 않
은 논 등이 분포하고 있다.[14] 마을의 중요 유적을 설명한다.

건재고택

　　중요 민속자료 제233호로 지정된 건재고택은 외암리를 대표하는
가옥이다. 영암집이라고도 부르는데 이 집을 지은 건재 이상익
(1848~1897)이 영암 군수를 지냈기 때문이다.

　　한옥에 대해 약간 설명한다. '호'와 '채'는 다소 다른데 '호'는 일
정 단위 면적 안에 집을 이루는 안채, 사랑채, 부엌 등 여러 요소를 합
한 개념이다. 반면에 채는 단독으로 이루어진 건물을 말한다. 한옥의
경우 집 하나에 여러 채의 건축물이 들어서므로 집 전체를 호라 부르
고 하나하나를 독립적으로 채라 부른다.

　　건물의 구조를 설명할 때 3량가, 또는 5량가, 7량가라고 하는데
이는 지붕을 어떻게 구성하느냐에 따른 설명이다. 3량가란 가장 간단
한 구조로 지붕 가장 높은 곳에 마룻대*를 설치하고 지붕의 앞뒤 양쪽
가장자리에 두 열의 처마 도리**를 두어 세 열의 도리가 서까래를 받
치는 구조로 우리나라에서 시공되는 건축물 중에서 가장 간단한 방식
이다. 일반적인 양반 건물은 5량가이며 더불어 원형 기둥은 일반인들

* 마룻대
용마루 밑에 서까래가 걸리게
된 도리. 종도리.

** 처마 도리
변두리 기둥이나 벽체 위에
건너질러 서까래를 받는 도리.

건재고택은 규모가 매우 크며
큰 집과 작은 집이 별개로 배
치되어 있다.

이 사용하지 않는 것이 기본이다.

　인접한 두 기둥 사이는 '칸'이라고 하는데 '네 개의 기둥으로 둘
러싸인 공간'이라는 면적 개념으로 건물의 평면 규모를 산정하는 기
준이다. 만약 정면 3칸 측면 2칸이라면 6칸 집이라고 한다. '칸 사이
(주간)'는 기둥과 기둥 사이의 실제 거리를 의미하는데 칸수를 설정한
후 칸 사이를 설정하면 건물의 실제 길이가 설정된다. 기둥은 단면의
형태에 따라 원주, 방주, 각주로 대별된다.[15·16]

　건재고택은 규모가 매우 크며 큰 집과 작은 집이 별개로 배치되
어 있다. 큰 집은 10칸의 ㄱ자형 안채, 5칸의 一자형 사랑채, 8칸의 一

자형 문간채가 있으며 작은 집은 6칸의 ㄱ자형 안채, 7칸의 一자형 사
랑채로 구성되어 있다. 평면 구성은 대체로 안방 구들에서 꺾여져 놓
이는 중부 방식이지만 작은 집 사랑채는 대청이 한쪽으로 배치되는
남도 방식을 따르고 있다.

사랑채 기단은 장방형에 가까운 자연석을 가공하지 않고 그대로
만든 축대로 막쌓기 기법을 사용했다. 기단 위에는 자연석을 주춧돌
로 놓았고, 각기둥 위는 공포 없이 납도리* 가구 구조로 만든 팔작지붕
형태다. 사랑채는 두 칸의 큰 사랑방을 중심으로 서쪽에는 누마루를,
동쪽에는 대청을 두고 앞과 뒤로는 툇마루와 쪽마루를 꾸며놓았다.

특히 큰사랑 부엌은 건물 중간을 가로지르는 부재인 중인방 상부
를 벽으로 처리했다. 하부에서는 단을 낮춰 부엌에 기어서 들어가게
했다. 아궁이가 낮을수록 연기가 잘 빠져나가는 온돌 고래의 특성상
부엌 바닥을 낮게 만들어 놓았지만, 부엌에서 생활해야 하는 사람들
이 고역을 치렀음은 틀림없다.

건재고택에는 여러 종류의 굴뚝이 있다. 그중 하나가 안채의 안
방과 건넌방 굴뚝으로, 벽돌로 네모나게 쌓아 올린 후 옹기 굴뚝을 위
에 올려놓았다. 중문을 지나 안채로 가면 사랑채를 드나드는 손님들
이나 사랑채 하인들이 안채를 직접 볼 수 없도록 ㄱ자형 담을 두고 있
고 위로 연가**가 있다.

일반적으로 불을 잘 빼내기 위해 굴뚝을 높이 올리기 마련인데
이곳 굴뚝은 연기가 땅바닥에서 나오게 되어 있다. 작은사랑에서 불
을 때면 연기는 안채로 들어가는 길로 향한다. 아래로는 연기가 깔리
고 위로는 아름다운 정원의 나무들이 구름 위로 떠 있는 모습이다. 반

* 납도리
모가 나게 만든 도리.

** 연가(煙家)
굴뚝 위에 꾸밈으로 얹는, 기
와로 만든 지붕 모양의 물건.

대로 정원의 정자에서 사랑채를 바라보면 구름 위에 떠 있는 기와집처럼 보인다.

사랑채는 강돌을 양회*로 고정한 토석 담을 사용했고, 안채는 돌로만 쌓은 담으로 이루어져 있다. 담장 밖 대문채 서편에는 두 채의 호지집**이 초가삼간 크기로 서 있다. 한 채는 사랑채 협문***으로 드나들기 가깝고, 다른 한 채는 별도의 담장 구획 안에 있으며 안채 부엌 쪽으로 난 협문 가까이에 자리하고 있다. 사이 담을 지나 오른쪽으로 돌면 널찍한 안마당에 후원으로 탁 트인 공간이 나타난다.

안채는 가운데 두 칸의 대청마루와 윗방, 안방이 대청 서편으로 있으며, 그 앞으로는 상부에 다락을 둔 두 칸의 부엌이 있다. 기둥은 4각이며 5량 가구로 마루 대공은 여러 판재를 사다리꼴로 조립한 판

* 양회(洋灰)
토목이나 건축의 재료로 쓰는 접합제. 물에 이긴 것을 말리면 돌처럼 단단해지는 잿빛의 가루로, 보통 진흙이 섞인 석회석을 주원료로 하고 소량의 석고를 넣어서 가루로 만든 것이다. 이것을 모래나 자갈 등과 함께 물에 반죽하면 콘크리트가 된다.

** 호지집
행랑채 서쪽에 있는 부속 건물로 3칸 규모의 一자형 평면을 가진 초가집이다. 2줄로 안쪽을 나눈 겹집인데 왼쪽에 부엌을 배치하고, 나머지 2칸은 앞뒤로 나누어 뒤에는 방을, 앞에는 흙바닥 출입구를 구성한다.

*** 협문(夾門)
1. 삼문(三門) 가운데 좌우에 달린 작은 문. 동협문, 서협문 등이 있다.
2. 대문이나 정문 옆에 있는 작은 문.

한옥에서는 일반적으로 정원을 만들지 않는데, 외암마을은 많은 집이 정원을 갖고 있는 것이 특징이다.

대공으로 꾸몄다. 안채 기둥에 많은 글이 걸려 있어 사랑채 같은 운치 있는 분위기가 흐른다. 안채는 동쪽에 곳간채를 두고, 위쪽에 가묘인 사당이 자리하고 있다. 사당은 북동쪽 높은 곳에 있는데, 맞배지붕에 방풍판을 옆에 댄 전형적인 건물이다. 앞뒤 반 칸을 나누어 앞쪽은 마루, 뒤쪽은 가묘로 꾸며져 있다.

건재고택은 설화산 계곡에서 흐르는 계곡물의 일부가 동쪽 담장으로 흘러들어 안채의 연못물과 만난 뒤 사랑채 마당에 꾸며진 연못으로 흐르는 모습이 압권이다. 외암리의 다른 집들도 계곡물을 이용한 연못을 갖추고 있지만, 건재고택은 별도로 담 아래에 우물이 있다. 사랑채 동쪽에 정자와 연지가 배치된 것은 마을의 지형적인 특징과 풍수지리를 조합해 건설했기 때문이다. 특히 설화산 계곡에서 흘러든 깨끗한 정원수와 소나무와 향나무, 단풍나무 등은 완벽한 그림 한 폭을 보는 듯하다.

한옥에서는 일반적으로 정원을 만들지 않는데 외암마을은 많은 집이 정원을 갖고 있는 것이 특징이다. 외암마을에는 건재고택 외에도 참판댁 큰댁과 작은댁, 송화댁, 교수댁 등에 정원이 있다.[17]

이참판댁

중요 민속자료 제195호로 지정된 이참판댁은 이조참판을 지낸 퇴호 이정렬이 살던 집이다. 고종이 이정렬에게 하사한 '퇴호거사'라는 사호를 영왕이 9세 때 쓴 현판이 아직도 남아 있다. 솟을대문을 통해 밖을 내다보면 마을의 안산인 면잠산 봉우리가 문간에 정확히 들어온다. 대문간의 높이가 문간채의 지붕과 같은 경우 평대문이라고 하며, 대문간의 높이가 문간채 지붕보다 한 층 높을 경우 솟을대문이 라고 한다.

솟을대문은 주로 양반 가옥이나 서원, 향교의 정문으로 사용되며 말 그대로 하늘을 향해 솟아올라 대문으로서 과시를 확실하게 하고 있다. 일부 학자들은 솟을대문이 민속 신앙의 솟대에서 유래했다고 설명하기도 한다. 솟대는 풍년을 빌거나 과거 급제자 등 경사가 있을 때 마을 어귀에 높이 세우던 장대로, 이런 기능을 솟을대문으로 표현 했다는 것이다.[18] 하지만 솟을대문은 원래 종2품 이상의 고관이 '초 헌'이라는 바퀴 달린 높은 가마를 타고 출입하기 위해 지붕을 높이면 서 생긴 것이다.

그러나 조선의 격변기에 이 같은 규범은 지켜지지 않아 일반 양

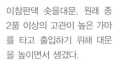

이창판댁 솟을대문. 원래 종 2품 이상의 고관이 높은 가마 를 타고 출입하기 위해 대문 을 높이면서 생겼다.

이참판댁은 돌담을 둘러서 집
안 공간을 구분했고, 안채로
가는 길에 넓은 판석을 깔아
운치를 더했다.

반집에서도 솟을대문을 달기 시작했고 신분제가 유명무실해진 조선
후기에는 중인의 집에도 솟을대문을 설치하곤 했다.

큰 집의 안채는 10칸으로 서쪽 앞이 개방되었으며 한쪽이 튼 ㄱ
자형으로 가운데 안마당을 두고 감싸 안은 모습이다. 5칸 사랑채는 一
자형이며 문간채는 8칸으로 一자형이다. 돌담을 둘러서 집 안 공간을
구분했고, 안마당에는 안채로 가는 길에 넓은 판석을 깔아놓아 운치
를 더했다. 비나 눈이 와서 마당이 질어지면 요긴하게 사용할 수 있는
디딤돌로 징검다리 같은 역할을 한다.[19]

작은 집은 안채가 6칸 ㄱ자형이며, 서쪽으로 대청과 연결된 두 칸
규모의 안방과 다락이 있는 부엌이 자리하고 있다. 사랑채는 큰 집보

다 오히려 큰 7칸 ㄱ자형이다. 안방과 윗방 사이에는 미닫이문을 달아 겨울에는 웃풍을 막고 여름에는 개방해 시원하게 바람이 통하도록 했 다. 전면에 툇마루를 둔 안채 가운데는 띠살 무늬 4분합을 가진 대청 마루가 있다. 안채가 남쪽을 향하고 있어서 뜨거운 여름 태양이 직접 내리쬐면 방이 더워지기 때문에 툇마루 방벽을 2분의 1칸 정도 뒤로 물러 앉혀놓았다. 처마 끝에 걸린 태양의 변화에 대응해 쾌적한 실내 환경을 만들고자 했던 선조들의 지혜를 엿볼 수 있다.

툇마루는 건넌방 동쪽까지 둘러져 있는데, 외암리 사대부집 안채 의 기본 형태다. 건넌방 동쪽 편으로 띠살 무늬 2분합이 있어서 뒤뜰 에 쉽게 드나들 수 있다. 장독대는 회벽으로 칠하고 기와 담으로 둘러 친 담장에 두었다. 전라도에서는 이런 예를 쉽게 볼 수 있으나 충청도 나 경상도에서는 좀처럼 보기 힘들다.[20] 고방은 재래식 주택에서 가정 용 창고와 같은 기능을 했던 공간으로 곳간이라고도 하는데, 규모가 큰 집은 이와 달리 '광'이라고 칭한다.

감찰댁

감찰댁은 잘 가꾸어진 사대부 집의 전형이다. 대청 앞의 평주*와 툇보**는 사각기둥이며 두 열로 서 있는데 마치 궁궐의 행랑을 보는 듯하다. 안채는 ㄱ자형으로 외암마을에서 가장 규모가 크다. 한옥의 마당은 일반적으로 그다지 아름답지 않다. 농산물을 처리하는 일터인 동시에 경조사가 있을 때 이용하는 장소이기 때문이다. 따라서 조경 은 대부분 후원으로 옮긴다. 그런데 감찰댁은 정원과 정자까지 갖추 고 있으며, 마당에 나무를 심지 않는 한옥의 일반적인 특성에서 벗어

* 평주(平柱)
밭둘렛간을 감싸고 있는 기둥.

** 툇보
툇기둥과 안기둥에 얹는 짧은 보.

났다. 정원에 심은 소나무는 고급 품종인 다복솔이다.[21]

신창댁

신창댁은 홍경래의 난을 진압한 이용현에서 유래한다. 이용현은 이사종의 9세손으로 무과로 급제해 총관, 경연특진관 등을 지냈는데 이곳에서 6세손까지 살아 병사댁이라고 불렀다. 그러나 후손들이 서울로 이전해 병사댁이라는 택호가 사라지고 신창댁이라고 불린다. 이사종의 12세손인 이세열의 부인 보성임의 친정이 신창인 데서 기인한 것으로 전형적인 한국 전통 가옥의 택호 붙임을 따른 것이다. 마을에서 유일하게 ㅁ자형 평면으로 사랑채가 따로 없으며, 가운데 3칸의 대청마루를 두고 건넌방 끝 방을 사랑방으로 사용하고 있다. 현재는 외암마을 안에 있는 유일한 식당이다.

교수댁

마을의 서쪽 길을 따라 올라가다 골목길 끝에서 오른쪽으로 돌아서면 교수댁이 나타난다. 이사종의 13세손인 이용구가 경학으로 성균관 교수를 지냈다고 해서 이름 붙은 집이다. 예전에는 사랑채는 물론 안채에 연못까지 갖춘 규모였지만 지금은 사랑채가 사라지고 사랑채 앞은 돌담장으로 꾸며지는 등 크기와 주변 풍경이 모두 변했다. 사랑채가 없어지기는 했지만 마을의 다른 집처럼 앞쪽에 ㅡ자형 사랑채를 두고 뒤쪽에 ㄱ자형 안채를 배치했다.

교수댁은 외암마을의 다른 집들과 다르게 수석같이 자연을 닮은 돌로 정원을 꾸미지 않았다. 그 대신 사찰에서 사용했던 것으로 보이

* 부도(浮屠)
부처의 사리를 안치한 탑.

** 일각 대문(一角大門)
대문간이 따로 없이 양쪽에 기둥을 하나씩 세워서 문짝을 단 대문.

는 부도* 및 연자방아 주춧돌, 맷돌 등의 석재들이 진열되어 있다. 일각 대문**과 옛 사랑채에서 사용하던 주춧돌을 집 앞에 나란히 놓아 위용을 보여준다.

안채 오른쪽인 동쪽에 한 칸 크기의 맞배지붕 사당을 두고 있으며, 연못 옆에 정자를 만들고 연못 주위에는 꽃과 과일나무를 심어놓았다. 안채는 3벌대 기단 위에 자연석 덤벙 주춧돌을 이용했다. 네모난 방주로 기둥을 세운 팔작지붕 기와집으로 대청마루를 포함해 건넌방과 전면 다섯 칸 반, 측면 한 칸 반의 크기다. 동쪽에 다락형 방을 두고 그 아래에 살창을 둔 부엌을 만들어 건넌방으로 난방한다.[22]

송화댁

외암마을의 중심부인 느티나무를 지나서 건재고택 돌담길을 따라 올라가면 논이 나온다. 논을 끼고 돌담을 따라 설화산을 바라보며 걷다보면, 마을 동쪽의 개울이 마을로 접어드는 길과 만나는 곳에서 송화댁이 보인다. 외암마을에서 가장 오래된 집으로 이사종의 9세손인 초은 이장현(1779~1841)이 순조 10년(1810) 건설했고, 그가 송화군수를 지냈기 때문에 '송화댁'이라는 택호가 붙여졌다.

집 앞에 서면 초가집의 대문채가 기와집의 본채와 어울리지 않아 굳이 초가집으로 지은 이유가 궁금하다. 하지만 눈 오는 날 초가지붕의 대문채가 설화산과 커다란 소나무 숲과 어울리는 장면만은 천하일품이다.

남서향의 대문간에 들어서면 커다란 소나무 사이로 양 갈래의 길을 둔 넓은 정원이 있다. 송화댁 정원은 설화산 계곡물을 집 안에 끌어들어 정원을 갖춘 외암마을 사대부가 중에서 가장 자연스러운 멋을 지니고 있는 것으로 정평이 나 있다. 이처럼 인공적인 손길을 최대한 절제해 만든 이 성원은 한옥과 잘 어울리는 대표적인 한국 전통 정원 중 하나다. 건재고택이나 교수댁처럼 정자를 갖추지는 않았지만 언덕과 물의 흐름이 주는 자연미가 있고, 음양을 주제로 한 조선 후기의 반가 정원이다. 돌담장 안에는 넓은 텃밭과 장독이 자리하고 있다.

　　정원을 지나면 ㄱ자형 사랑채와 안채가 안마당을 중심으로 배치되어 튼 ㅁ자 형태를 하고 있다. 정면 네 칸의 사랑채는 막쌓기 기단 위에 덤벙 주초*로 했다. 사랑채는 가운데에 사랑방을 두고 좌우에 한 칸 크기의 작은 마루방을 하나씩 두었다. 양 측면에 마루방을 두고 작은 방을 하나는 정면에, 다른 하나는 후면에 하나씩 두어, 결국 ㄴ자형 평면이 된다. 사랑채 오른쪽으로 돌아가는 중문과, 사랑채 왼쪽 처마 밑에 낸 월문月門을 통해 안마당으로 들어갈 수 있다. 월문은 저녁쯤 중문을 닫은 이후에 사용하는 문이다. 안마당에는 신발에 흙이 묻지 않도록 주요 통행로에 디딤돌을 엇비스듬히 놓았는데, 안채 부엌과 사랑방을 연결하는 디딤돌이 가장 크고 넓어 사용이 빈번했음을 짐작하게 한다.

　　안채는 ㄱ자형 평면으로 자연석을 적당히 가공한 2벌대 기단 위에 덤벙 주초를 놓고 방주를 세웠다. 안대청은 5량 구조이며, 부엌 부분은 3량 구조다. 본채에는 가운데에 대청을, 서쪽에 안방을, 동쪽에 건넌방을 두었다. 서쪽으로 내민 날개채는 부엌이며 안방에 붙어 있다.[23]

　　사랑 앞에는 인공적으로 만든 산이 있는데 정원 돌 중에 양과 음

* 덤벙 주초
둥글넓적한 자연석을 다듬지 않고 놓은 주춧돌.

을 상징하는 남근석과 여근석이 있었다. 이런 돌이 사대부 집안에 있다는 것이 특이하지만 만물의 조화를 의미하며 생활의 편안함과 자손의 번영을 바라는 집주인의 염원을 상징한다는 데 이의를 제기할 일은 아니다. 지금은 여근석은 사라지고 남근석만 외롭게 남아 있다.

외암종손댁

송화댁 위로 외암사당과 외암종손댁이 자리하고 있다. 약 900여 제곱미터에 가까운 부정형의 대지 남쪽 앞에 안채와 문간채를 배치했으며, 대문 앞에는 불천지위로 모시는 외암사당이 있다. 정면 3칸, 측면 1칸으로 전면 열은 툇간 마루다. 안채는 2칸의 대청마루를 중심으로 방 쪽에 온돌방을 두었고 왼쪽 안방 아래에는 부엌을, 오른쪽 방 앞에는 마루를 냈다. 안채의 서북쪽 문간채 사이에는 간이로 만든 작은 정자를 세웠고 뒤편의 화단 앞으로 마을 물길이 지나가도록 했다.

조선 시대는 유교를 국시로 삼았으므로 사당을 중요시했다. 사당은 조상의 혼백을 모신 곳으로 사대봉사라 해 4대조(고조부모, 증조부모, 조부모, 부모)까지의 신주를 마련하고 제사를 지내는 곳이다. 『주자가례』에는 "집을 지을 때 다른 것보다 사당을 먼저 건립하고 위치는 정침의 동쪽으로 한다"라고 명시되어 있다. 이는 사당이 살림집보다 우선한다는 것을 뜻한다. 사당이 있어야 비로소 양반이 거주한 건물이라고 볼 수 있다.[24]

사당이 없는 집은 대청마루에 벽감*을 설치해 신위를 모셨다. 각 신위마다 탁자를 놓으며 향탁은 최존위 앞에 놓는다. 4대조를 넘는 조

* 벽감(壁龕)
장식을 위해 벽면을 오목하게 파서 만든 공간. 등잔이나 조각품 따위를 세워 둔다.

외암종손댁은 부정형의 대지 남쪽 앞에 안채와 문간채를 배치했다.

상의 신위는 매안이라 해 묘지 앞에 묻는다. 하지만 불천지위로 인정 되면 4대조까지 올리는 제사의 관행을 깨고 후손 대대로 제사를 올릴 수 있었다. 가문에서 가장 자랑스러워하고 중요하게 생각하는 것은 불천지위 사당이었다. 마을에 그런 사당이 있다는 것 자체가 영광스 러운 일이었던 것이다.

　외암마을의 자랑거리 중 하나는 녹지로, 제2회 아름다운 숲 전국 대회 '마을 숲' 부문에서 가장 아름다운 숲으로 선정될 정도로 명성이 있다. 이곳은 녹지를 미적 감각에만 맞춘 것이 아니라 실제적인 기능

외암마을 북서쪽 구릉에 조성된 소나무 숲에는
마을의 불리한 지세를 보완하는 동수 기능이 있다.

도 지니도록 배려했다.

　마을 안으로 들어오면 안길의 북쪽, 주 주거지의 경계부에 대나무 또는 소나무 군락이 선 또는 면으로 조성되어 있다. 이에 비해 마을 남동쪽의 개울가에는 키 큰 나무들을 간헐적으로 심었다. 전자가 주거지 영역의 경계를 표시하는 방풍이라면, 후자는 앞이 트인 데서 생기는 불안을 줄이려는 의도를 보여준다.

　마을 북서쪽 구릉에 조성된 소나무 숲에는 마을의 불리한 지세를 보완하는 동수洞藪 기능이 있다. 마을에 들어갈 때 왼쪽에 있는 소나무 숲도 마찬가지다. 동수들은 주거지를 아늑하게 가려주며 수구막이 역할도 한다. 마을 공간을 흐른 물길이 마을 밖으로 나가는 곳을 수구水口라 하며 그것을 막는 것을 수구막이라 한다. 수구막이의 당위성에 대해서는 이중환이 『택리지』에 다음과 같이 적었다.

　　"무릇 수구가 엉성하고 넓은 곳에는 비록 좋은 밭이 만 이랑이 있고 집이천 간이 있더라도 다음 세대까지 내려가지 못하고 저절로 흩어져 사라진다. 그러므로 집터를 잡을 때는 반드시 수구가 꼭 닫힌 듯하고 그 안에 들이 펼쳐진 곳을 눈여겨보아 구할 것이다."

　외암마을은 충청남도의 유비쿼터스 시범 마을 1호다. 각 가옥에 유비쿼터스 단자가 보급되어 한국의 정보화 마을 성공작으로 알려진다. 비상사태가 일어났을 때 누구나 끈만 잡아당기면 자동으로 신고가 접수되어 어떤 상황이라도 곧바로 대처할 수 있다. 또한 마을 사람들은 어디를 가든 휴대전화로 현재 상태를 알릴 수 있어 마을의 현황도 곧바로 파악할 수 있다.

　마을 스피커도 흥미롭다. 한국의 근대화에 견인차 역할을 한 새마을 운동의 주역이라고 할 수 있는데, 아직도 마을 행사를 알릴 때 사용한다고 한다. 또한 안길을 기준으로 남쪽 저지대에 논이 있고 중간에 상여가 보관된 상엿집이 있다. 과거에는 마을마다 있던 필수품이었지만 대부분 사라졌는데, 외암마을에서는 아직까지 간수하면서 매년 전통 상여 행렬 재현 행사를 벌이고 있다. 건재고택에서 오른쪽으로 500미터 정도 떨어진 곳에 별도로 보관하고 있으므로 눈여겨보기 바란다.

　외암마을 건물은 초가가 절반 이상으로 새마을 운동의 영향을 크게 받았는데도 원형이 보존된 이유가 있다. 손이 많이 가는 초가지붕을 슬레이트 지붕으로 바꾸면서 집의 구조는 변형하지 않았기 때문이다. 주민들은 선조들이 살아오던 터전을 그대로 유지하면서 새로운 변화에 적응했다. 따라서 지붕만 다시 초가로 바꾸자 과거의 전통 마을로 금세 돌아갈 수 있었고, 이 사실은 외암마을이 민속 마을로 지정되는 데 결정적인 역할을 했다.

　외암마을은 연엽주로도 유명하다. 조선 고종 때 현감을 역임한 이원집이 궁중에 있을 때 왕에게 올린 술로 대대로 종부를 통해 전수되었다. 1990년 충청남도 무형 문화재 제11호로 지정되었고 최황규가 기능 보유자로 지정되었다.

　외암마을에서는 방문객과의 보다 밀접한 연계를 위해 달집태우기, 떡 메치기, 솟대 만들기, 장승제, 곤장 맞기 같은 민속 체험을 준비하고 있다. 4~6월에는 모내기를 비롯해 감자 심기, 고구마 심기, 냉이

외암마을에서는 상여를 아직까지 간수하면서
매년 전통 상여 행렬 재현 행사를 벌이고 있다.

캐기 등을 체험할 수 있고, 여름에는 옥수수와 감자 수확을 할 수 있으며, 10월에는 '집과 풀'을 주제로 한 짚풀문화제에 참여할 수 있다.

외암마을의 주산인 설화산 뒤에는 고려 말 최영 장군이 사위 맹사성에게 물려주었다는 맹씨행단이 있다. 이는 남한에 현존하는 가장 오래된 한옥이다. 인근인 신암면 예림리에는 추사 김정희의 고택이 있다. 추사가 첫 부인과 사별하고 22세에 재혼한 부인이 예안 이씨 이병헌의 딸이며, 외암마을은 김정희의 처갓집이 있는 곳이다.

현재 김정희의 한글 편지는 40통이 전하는데 그중 부인 사후 며느리에게 보낸 2통을 제외하면 38통을 부인에게 보냈을 정도로 외암마을과 추사의 인연은 깊다. 264제곱미터 정도 되는 추사고택은 안채와 사랑채, 문간채와 사당채로 이루어져 조선 중기 중부 지방 대갓집

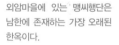

외암마을에 있는 맹씨행단은 남한에 존재하는 가장 오래된 한옥이다.

의 전형을 보여준다. 댓돌 앞의 '석년石年'이라 각자된 작은 돌기둥은 시간을 측정한 해시계로 추사가 직접 제작한 것으로 알려진다.

　생가 안에는 보물 제547호로 지정된 추사의 종가 유물이 보존되어 있고, 고택 바로 곁에 추사의 묘가 자리하고 있다. 묘 앞에는 200여 년 된 천연기념물 제106호 백송이 있다. 추사가 아버지를 따라 청에 사신으로 갔을 때 종자를 구해와 심은 소나무로, 우리나라에는 일곱 그루밖에 없다고 한다.[25] ※

유연하고 상징적인 풍수지리

❀ 전통 마을에서 가장 많이 나오는 말은 배산임수다. 배산임수의 기본은 사신사로, 산의 전후좌우 사면에 있는 산을 뜻한다. 주산을 등지고 왼쪽에 있는 산을 청룡, 오른쪽에 있는 산을 백호, 앞에 있는 산을 주작, 뒤에 있는 산을 현무라 하고 일반적으로 좌청룡, 우백호, 남주작, 북현무라고 한다.[26]

조선이 탄생하자마자 새 수도를 서울로 정하고 왕궁을 건설할 때 가장 먼저 고려한 것이 풍수다. 경복궁의 주산은 북현무인 백악산이, 남주작은 관악산이, 좌청룡은 대학로 뒷산인 낙산이, 우백호는 인왕산이 맡았고 물은 경복궁 앞을 흐르는 한강이다. 이 같은 생각을 기초로 선정된 서울이므로 세계에서 거의 유일하게 산과 강이 아름답게 어우러진 수도라는 평가를 받고 있다.[27] 대부분의 전통 마을이 이런 개념을 따라 조성되었다.

우리나라 풍수지리의 특징 중의 하나는 거주 공간과 주변 환경의 관계를 중시하며, 주변 환경에 상징적인 해석을 한다는 것이다. 풍수에 따라 사람들은 자신이 살 공간과 주변 경관에 대한 해석을 공유했다. 예를 들면 낙안읍성마을, 하회마을, 왕곡마을, 개평마을, 남사마을, 성읍마을 등은 행주형行

명당 개념도. 배산임수의 기본은 사신사로, 산의 전후좌우 사면에 있는 산을 뜻한다.

舟形 입지이므로 마을에 우물 파는 것을 기피했다. 마을이 물에 떠 있는 배 형국이라 구멍을 뚫으면 배가 가라앉는다고 믿었기 때문이다.[28]

행주형이 되려면 키, 돛, 닻, 노 등 배에 필요한 모든 도구를 갖추어야 하는데 평양, 청주, 무주, 공주, 안동 등이 이에 속한다고 한다. 행주형은 장차 출발하려는 배를 묶어둔 것으로 인식해 사람과 재화가 풍부하게 모인다고 믿었다.[29] 사실 물이 근처에 없다는 것은 매우 불편한 일이 아닐 수 없다. 그럼에도 마을에 우물을 파지 않고 살아갔다는 것은 함께 살아가는 묘수를 지키기 위해 노력했다는 것을 의미한다.

또한 행주형 지세에서는 돌탑을 세우지 않는다. 돌탑이 무거우므로 배가 가라앉는다고 생각했기 때문이다. 그러나 한국 풍수의 특징

운문사는 행주형 지형이지만 배를 안정적으로 지키기 위해 무거운 쌍탑을 세웠다.

은 이런 생각을 절대적인 규범으로 삼지 않고 보다 유연한 생각으로 바꾸는 것을 주저하지 않았다는 점이다. 경북 청도군 운문사의 경우가 대표적이다. 운문사 터전은 행주형의 배에 비유되는데도 대웅보전 앞 좌우에 삼층석탑을 쌍으로 배치했다. 이유는 우물을 파지 않는 것의 정반대다. 배는 파도에 의해 언제든지 침몰할 수 있으므로 배를 안정적으로 지키기 위해 오히려 무거운 돌탑을 세웠다는 것이다. 풍수 자체를 현장에 맞는 형태로 변형한 것이다. 한국의 풍수가 유달리 장수하는 이유다.

우리 선조들은 자연을 최소한만 변화시켜 최상의 환경이 될 수 있도록 만들었다. 이를 위해 중국과는 달리 비보 풍수의 개념을 발달시켰다. 이상적인 공간을 마음먹은 대로 찾을 수 없으므로 인공적으로 부족한 부분을 보완한다는 것이다. 역으로 말한다면 인간의 적극적인 개입이라고 볼 수 있으며, 전통 마을에서도 이를 통해 환경을 보완하는 방법이 발견된다.

안산이 취약한 경우 동수라 불리는 수목을 마을 전면이나 겨울철 주풍 방향에 조성해 방풍 효과를 얻기도 했다. 이는 풍수지리의 개념을 차용해 거주자들이 자연을 순화함으로써 삶에 보탬이 되도록 하는 것이다. 선조들이 주어진 환경을 선용하는 것에 얼마나 심혈을 기울였는지 알 수 있다. 전통 마을이 현재까지도 남아 있는 이유는 풍수지리의 덕이라기보다는 부족한 부분을 개선하려는 선조들의 노력 때문이다. ❖

二步

도래마을

도래마을

✚

전남 나주시 다도면

광주시에서 약 20킬로미터 떨어진 다도면에 있는 도래마을은 조선 시대 사대부 가옥이 많이 남아 있는 전형적인 한옥 마을로, 가구 수가 거의 100여 호나 될 만큼 규모가 크다. 또한 마을지誌인『도천동지』를 만들 만큼 오랜 역사와 자부심을 간직하고 있다.

마을의 뒷산인 감태봉(140미터)의 양쪽 계곡에서 내려온 맑은 물은 세 갈래로 나뉘어 마을을 통과해 전면 농경지로 유입된다. 주거지는 세 줄기의 수로를 중심으로 후곡, 동녘, 내촌(내곡) 등 세 부분으로 이루어진다. 도래마을을 '도천마을'로 부르기도 하는데 마을의 수맥이 세 갈래로 갈라져 내 천川자 형국을 이루는 까닭이다. 천川의 우리말

이 '내' 인 까닭에 도내가 되었고, 도래로 굳어졌다고 한다.

도래마을은 마을의 동북쪽에 있는 풍악산(286미터)부터 남쪽으로 내려오는 산지의 서쪽 사면에 조성되어 전면으로 지형이 낮아져 농경지가 있고, 후면으로 산림이 있는 전형적인 배산임수형이다. 마을 뒤쪽에 있는 주산은 조선의 모든 군사가 사흘 동안 먹을 수 있는 식량이 있다 해서 식산食山(292미터)이라 부른다.

마을이 배산임수의 경사 지형에 있으면 주택 후면에 경사지가 생긴다. 전통 마을에서는 현대처럼 옹벽*으로 처리하지 않고 단을 이루는 낮은 둔덕을 만들어 꽃밭 등으로 조성하곤 한다. 장대석, 사괴석**, 또는 다듬지 않은 자연석으로 계단형 사면을 축조하고 단에 수목을 식재해 경사지를 처리한 것을 노단이라고 한다. 노단은 비가 내릴 때

* 옹벽(擁壁)
땅을 깎거나 흙을 쌓아 생기는 비탈이 흙의 압력으로 무너져내리지 않도록 만든 벽.

** 사괴석(四塊石)
벽이나 돌담 또는 화방(火防)을 쌓는 데 쓰는 육면체의 돌. 한 변의 길이는 200~250밀리미터다.

경사면의 유속을 감소시켜 토양 침식과 양분 유실을 방지하고, 토지 전면에 수분을 고루 배분해 경사지 토양이 건조해지는 것을 방지한다. 그런데 도래마을은 주거지 경사가 매우 완만해 옹벽이나 노단 같은 특별 처리를 하지 않았다. 다만 주거지 후면과 측면의 가장자리는 고저 차가 크고 경사가 비교적 급하므로 자연 토사 각으로 사면을 처리했다. 인공적인 처리가 거의 없는 자연 토착 마을인 것이다.

도래마을의 특성 중 하나는 방풍림이다. 마을의 오른쪽 전면, 주거지와 다소 동떨어진 곳에 높이 10여 미터의 소나무들이 방풍림을 이루고 있다. 특히 후곡 뒤에는 높이 10여 미터의 대나무와 20~30미터의 소나무가 섞여 띠 모양의 방풍림을 이룬다. 이렇게 다른 수종을 섞어 심으면 밀폐도가 높아져 방풍 효과가 좋아진다.

전통 마을에 찾아가면 풍수지리를 모르는 사람이라도 산 좋고 물 좋고 공기 좋은 곳에 자리를 잡았다는 것을 곧바로 이해할 수 있다. 좋은 자리에서는 중요 건물들을 남향으로 건설하기 마련이다. 사실 동서남북 어느 방향으로도 지을 수 있지만 남향집이 주된 까닭은 북향집과 서향집의 문제점 때문이다. 북향집은 겨울이 긴 한국에서 태양열의 혜택을 받지 못하며 서향집도 이에 만만치 않다.

그런데도 전통 마을에 들어서면 생각보다 남향집이 많지 않다는 것을 알 수 있다. 좋은 방향만 고집하지 않았기 때문이다. 전통 마을에서는 자신이 사는 건물보다 마을에 맞는 흐름에 순응해 집을 지었다. 당연히 북향집, 서향집이 나왔고 이를 감수하는 것은 기본이었다.

도래마을은 고려 시대에 남평 문씨들이 형성했고, 이후 조선 초기에 강화 최씨가 들어와 마을을 이루었다. 조선조에 성천 부사를 지

도래마을 옛집. 전통 마을에서는 남향집만 고집하지 않고 마을에 맞는 흐름에 순응해 집을 지었다.

낸 풍산 홍씨 홍수가 수양대군의 쿠데타로 화를 입자 아버지인 홍이가 남평 현령을 지낸 인연이 있는 나주로 피신했다. 처음에는 노안면 금안동 반송마을에 터를 잡았으나 홍수의 증손인 홍한의가 이웃인 다도면 풍산리 도래마을의 강화 최씨에게 장가들면서 정착했다. 도래마을은 이처럼 점차 풍산 홍씨의 집성촌이 된 동성 마을, 다시 말해 씨족 마을이다. 일설로는 홍한의가 이곳에 사냥 왔다가 최씨 처녀를 만났다고 한다.

마을 입구에서 영호정이란 학당이 반긴다. 얼핏 보면 정자 같지만 건립 당시 도천학당 또는 동학당이라 불리며 학생들을 가르치던 곳이다. 영호정은 이조참판, 대사헌, 공조참판 등을 역임하고 청백리로 뽑혔던 휴암 백인걸(1497~1579)이 남평 현감으로 있을 때 세운 네 학당 중 하나로 추정한다. 정면 4칸, 측면 2칸의 팔작지붕 건물로 많은 학사와 인재를 배출했는데, 임진왜란으로 퇴락하자 1900년경 명칭을 '영호'로 바꾸었다.

　　일반적으로 정자라 하면 사교의 장, 풍류의 중심이었다고 생각하지만 이곳은 차별화된 학당이었다. 불행하게도 6·25전쟁 때 학당은 모두 불에 타고 정자만 남았지만 영호정은 사립 학교로도 사용된 전력을 갖고 있다.[1]

　　도래마을과 관련 있는 유명인은 벽초 홍명희(1888~1968)다. 벽초의 조부 홍승목이 이 마을 출신인데 괴산의 한 집안에 양자로 갔다. 그는 일제 강점기에 조선 총독부 중추원 찬의가 되어 친일이라는 오점을 남겼지만 그의 아들, 즉 벽초의 부친 홍범식은 경술국치 때 금산 군수로 있던 중 일제에 항거해 자결한 강골의 선인이다. 이런 배경을 토대로 홍명희는 일제 강점기 때 민족 운동에서 지도적인 역할을 하면서 단 한 편의 소설을 썼다. 유명한 『임꺽정』이다.

　　도래마을은 원래 홍씨가 80퍼센트 이상이었지만 현재는 외성이 많이 들어와 약 65퍼센트를 차지하고 있다. 그럼에도 문화재로 지정된 유산들은 모두 홍씨와 관련된다. 홍기웅 가옥(중요 민속자료 제151호), 홍기헌 가옥(중요 민속자료 제165호), 홍기창 가옥(전라남도 민속자료 제9호)은 모두 19세기 말에서 20세기 초에 지어졌다.

홍기응 가옥

도래마을의 특징은 씨족 마을임에도 종가가 없다는 점이다. 물론 원천적으로 없었던 것은 아니지만 종갓집은 현재 집터만 남아 있고 풍산 홍씨의 홍기응 가옥에서 풍산 홍씨 석계공파의 차종손이 종가를 대신하고 있다.

마을 안쪽의 끝자락에 자리 잡고 있으며 상량문의 기록으로는 안채는 1892년, 사랑채는 1904년 건축되었는데 당대에 도래마을에서 가장 큰 부잣집이라는 것을 이야기하지 않아도 곧바로 알 수 있을 정도로 거대했다고 한다.

건물은 서향이며 직선 축으로 놓여 있다. 안쪽에 一자형 안채가 가로로 놓이고 안마당 사이로 ㄱ자형 사랑채가 배치되었는데, 축을 맞추면서도 직각으로 틀어서 남향이다. ㄱ자형은 도래마을 전체 주택

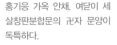

홍기응 가옥 안채. 여닫이 세
살창판분합문의 卍자 문양이
독특하다.

에서 유일한 구조이며 대청마루를 서쪽으로 향하도록 했다. 이는 오후의 강한 서쪽 태양빛을 대비하기 위한 것이다.[2] 앞쪽에는 솟을대문을 갖춘 행랑채가 배치되었는데 대문에 문고리가 없는 것이 특징이다. 남도 양반 주택의 공간 구성을 엿볼 수 있는 대표적인 예로, 각각의 건물에 돌담을 만들어 독립적이지만 작은 문을 만들어 이동하는 데 불편함이 없게 만들었다.

　　다른 양반집에 비하면 사랑채 앞마당과 안채와의 간격이 좁은 것이 흠이지만 일반 가옥에서는 볼 수 없는 특별한 공간이 있다. 서책을 보관할 수 있는 장서각으로 사랑채에 서고가 있다는 것은 주인이 항상 책 읽기를 기본으로 했다는 뜻이다.

　　사랑채는 남자들이 주로 생활하는 공간으로, 집안의 가장이 기거하면서 책을 보고 손님을 맞는 사회적 장소로 활용했다. 대체로 중앙부분에 대청마루를 두고 좌우에 온돌방을 배치한다. 아버지가 기거하는 큰 사랑방과 아들의 작은 사랑방이 마주보는 것이다. 큰 사랑방을 이어 붙이거나 뒤쪽에 작은 방을 두기도 했는데 이 방에 주로 서책을 두어서 '책방'이라 했다.

　　안채는 도래마을에 현존하는 안채 중 가장 오래된 건물로, 일자형 6칸이며 전체적으로 별단식 공간 구성을 보인다. 가구 구조는 5량가로 전면과 우퇴면만 원기둥이며 나머지는 네모기둥이다. 여닫이 세살 창판 분합의 만(卍)자 문양이 독특하다. 집 안에 이런 장식을 하는 경우가 극히 드문데 주인이 독실한 불교 신자였음을 보여준다.

　　안채는 여자들이 집안 살림을 주로 하는 공간으로 여주인과 며느리, 딸들의 활동 무대였다. 일상적인 식사 준비를 비롯해 제사 음식 준비, 길쌈 등 다양한 일을 하기 때문에 일반적으로 사랑채보다 크게 만들었다. 안대청을 중심으로 안방과 건넌방으로 나누어 시어머니와 며느리가 각각 차지했다.

이 가옥에서 흥미 있는 것은 곳간에 음식과 종자를 서늘하게 보관할 수 있는 지하 저장고가 있다는 점이다. 현대의 냉장고 같은 개념인데 다른 마을에서는 비교적 보이지 않는다. 또한 장독대를 담으로 쌓아 보호하고 있다. 먹을거리의 기본인 장을 얼마나 중요하게 생각했는지 알 수 있다.

정원 시설은 전통적인 조경의 멋을 그대로 보여준다. 사랑 마당의 담장 쪽에 있으며 상징성을 살려 나무를 심었다. 가운데에는 자손의 번영을 상징하는 석류나무, 동쪽 끝에는 절개와 옛 벗을 상징하는 매화나무, 서쪽 끝에는 부귀와 영화를 바라는 배롱나무를 심었다. 또한 석류나무 옆에 괴석을 두고 선비의 기상을 상징하는 동백나무와 목련을 심었다. 나무 하나하나에 의미를 부여하면서 집안이 잘 되기를 바라는 주인의 마음을 엿볼 수 있다.

나무에 관한 한 이곳은 한국의 어느 곳보다 자랑할 만하다. 아버지를 모시기 위해 서울에서 내려와 집을 관리하고 있는 홍천성은 수령 100년 정도의 커다란 홍매화를 주목하라고 한다. 꽃 필 때인 봄에는 전국에서 사진작가들이 모여들 정도로 명물이라고 한다.

이 집의 또 다른 매력은 매우 큰 단풍나무인데 놀랍게도 연리지다. 연리지는 두 나무가 가지를 통해 하나가 되는 것이므로 부부 간이나 연인 간의 사랑을 비유해 사랑나무라고도 한다. 또한 성장이 좋은 나무와 발육이 부진한 나무가 서로 양분을 지원해주므로 나눔의 지혜

홍기응 가옥의 매화나무, 수령 100년 정도이며
봄에는 전국에서 사진작가들이 모여들 정도로 명물이다.

로 풀이하기도 한다. 연리지로 유명한 작품은 당나라 시인 백낙천의
「장한가」다.

"하늘에서는 우리 둘이 비익새가 되어 살고지고
땅 위에서는 우리 둘이 연리나무 가지가 되어지고
천지는 영원한 것이라고 하지만 어느 때인가 마지막 날이 오는데
그러나 이 슬픈 사랑의 한스러움은 길이길이 다할 날이 없으리."

이 집에는 재미있는 아이디어가 하나 있다. 사랑채와 행랑 마당
사이 담장에 수키와를 마주 엎어 만든 구멍이 그것이다. 사랑마루에
서 대문간에 들어서는 사람을 확인하려는 것으로 오늘날 현관문에 설
치하는 보안경이다. 선조들은 강도가 달려와도 갈지자로 걸을 정도로

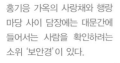
홍기응 가옥의 사랑채와 행랑
마당 사이 담장에는 대문간에
들어서는 사람을 확인하려는
소위 '보안경'이 있다.

양반의 체통을 중요시했지만 다른 사람의 사생활만은 철저하게 보호
했다. 그럼에도 보안경이란 아이디어를 낸 것은 당대에 신문물이 급
속도로 들어와 세태가 변했다는 것을 의미한다.

홍기헌 가옥

홍기헌 가옥은 활 모양으로 휘어진 샛길을 따라 진입하므로 집
안이 쉽게 노출되지 않는다. 건물은 서향이며 전체적으로 직선을 축
으로 배치되어 있다. 중심 맨 안쪽에 안채가 있고 안채 앞쪽에 북쪽으
로 곳간채가 있으며, 안채의 중앙에 안마당을 사이에 두고 사랑채가
있다. 사랑 마당 앞에 대문채를 두어서 안마당으로 출입하려면 사랑
채의 남쪽 측면을 지나게 된다. 사랑 공간과 안 공간을 따로 구분하지
않았으나 사랑채에 의해 자연스럽게 구분되도록 배치되어 있다.

1790년에 건설되어 도래마을에서 가장 오래된 건물인 사랑채는
정면 4칸에 전후좌우 4방향 퇴를 꾸몄으며 대청을 한쪽으로 시설한
남도 방식의 건축으로 합각지붕이다.[3] 사랑채는 건축한 당시에 호화
주택으로 법에 위반되었다는 일화가 전해진다. 기단을 높이 쌓은 것
말고는 다른 곳에서도 흔히 볼 수 있는 정도인데 왜 그런 지적을 받았
는지 이해되지 않지만 다행히 옛 모습 그대로 보존되고 있다.

문간채는 20세기에 지어진 5칸 겹집의 초가로 오른쪽부터 대문
간 2칸, 광, 헛간, 잿간으로 이루어졌고 남쪽 끝의 지붕 구조가 특이하
다. 마을의 다른 집들은 새마을 사업 때 초가지붕을 시멘트 기와지붕
등으로 다시 지었지만 홍기헌 가옥은 다소 번거로운 초가지붕을 유지
했다.

홍기헌 가옥의 곳간채와 안채.
안채 기둥은 자연목을 그대로 살렸다.

홍기창 가옥

　1918년 건축되었으며 원래는 안채, 사랑채, 행랑채를 갖추고 있었지만 현재는 안채만 남아 있다. 평면의 구성과 건물의 구조가 건실해 당시의 주택 모양을 살필 수 있다.

　안채는 비교적 규모가 커서 필요한 생활 공간을 확보했으며, 각 방 앞에는 툇마루를 두어 외부와의 연결이 편리하도록 했다. 서향으로 배치되어 있고 안마당이 있으며, 안마당 남쪽에는 최근에 지은 아래채가 있다. 담장은 사랑채 터와 안채 뒤까지 크게 막고 있으며 예전

홍기창 가옥은 원래 안채, 사랑채, 행랑채를 갖추고 있었지만 현재는 안채만 남아 있다.

의 중문을 지금까지 대문으로 사용하고 있다.

안채의 구조는 2고주 7량가로 전면과 우측면만 민흘림이 있는 원형 기둥을 세우고 나머지는 사각기둥을 세웠으며 지붕은 한식 기와를 사용한 합각지붕이다. 원형 기둥은 영광 바닷물에 3년간 담갔던 비자나무를 사용했고, 대청마루는 검은빛을 띠는 먹감나무로 말 오줌에 2년간 담갔다가 사용했다고 한다. 부와 권리를 과시하려던 당시 부농 주거의 특성이 배어 있는 것이다.

도래마을이 씨족 마을이라는 것은 집과 집 사이의 연계로 알 수 있다. 원래 마을은 집들이 밀집 배치되지만 개인 프라이버시도 중요하므로 집촌을 이루더라도 주택 사이는 분리해 건축한다. 그러나 씨족으로 구성된 경우 주민 대부분이 친척 간이므로 이웃 사이에 일상적인 왕래가 잦다. 분리와 연결이라는 모순된 속성이 잠재하고 있는 것이다.

도래마을 집 사이에 이런 이중적인 관계가 잘 나타나 있다. 몇몇 집들이 각각 대문과 담장으로 독립된 주거 영역을 형성하면서도 인접한 주거로 왕래할 수 있는 샛문을 두어 서로 연결했다. 이들 거주자들은 남다른 혈연관계를 갖고 있으므로 일상생활에서 긴밀한 유대감을 유지하기 위한 물리적 장치라 할 수 있다.

한국의 전통 마을에서 주민들이 모두 사용할 수 있는 마당이 제대로 조성되어 있는 경우는 거의 없다. 대개 마을 길을 조금 넓힌 곳이 마당 역할을 하고 있다. 그런데 도래마을에서는 세 부분의 주거지 모두 안길이 주거지 안쪽에서 몇 갈래로 분기하는 지점에 마당이라고

홍기창 가옥의 원형 기둥은
영광 바닷물에 3년간 담갔던
비자나무를 사용했다고 한다.

양벽정은 도래마을의 중심 시설이며 풍산리 다섯 마을에서 함께 사용하는 공동 시설이다.

할 만한 공간을 두고 있다. 동녘에서는 홍기웅 가옥 앞의 바깥마당이 마을 마당 역할을 한다. 내촌과 후곡에는 좀더 넓은 마을 마당이 조성되어 있다. 후곡의 마을 마당은 농작물 건조장으로 사용되지만 놀이기구들을 설치해 어린이 놀이터로도 사용한다.

도래마을에는 여러 정자가 있는데 흥미로운 것은 우산각이다. 우산각은 전라도 지역에서 마을 입구나 마을 주거지와 들판 사이에 세워진 정자다. 원래 공동으로 집회를 하거나 휴식을 취하는 장소이지만 오늘날은 주로 마을의 할머니들이 사용하고 있다.

우산각은 주로 여름철에 사용되므로 대체로 마루로 되어 있는데 이곳은 온돌방 두 칸, 마루 네 칸, 부엌 두 칸으로 구성되어 있다. 이와 같이 전면과 측면이 2대 1 비율을 가진 평면 비례는 전라도 지방 모정의 공통적인 특징이다. 반면 내촌 입구의 시멘트 기와를 얹은 괴고정은 과거에 콘크리트 구조로 건설되었는데, 최근 역사적 건물을 복원하는 시류에 따라 전통 한옥풍인 도천정으로 탈바꿈했다. 도천정 옆에는 커다란 느티나무가 있는데 여타 마을들과 같이 상징성을 부여하는 동시에 시원한 그늘을 만들어준다.

마을에 사람들이 집결할 수 있는 중심 공간이 있다는 것은 매우 중요하다. 도래마을에서는 세 갈래의 안길이 모이는 곳에 있는 양벽정이 그 역할을 한다. 조선 중기 선공감역, 성균사업 등의 관직을 지낸 홍징이 1587년 능주현 화포(현재 화순군)에 세운 것을 1948년 후손들이 이전한 것이다. 양벽정과 마을 뒤 감태봉을 잇는 선은 도래마을 전체의 중심축으로 마을 공간을 구성하는 기준이다. 양벽정의 입구는 목탑과 마찬가지로 2층으로 되어 있는데 특이하게도 옆에 작은 화장실이 있다.

양벽정은 서향 건물이지만 전면 5칸, 측면 2칸으로 10칸 규모이며 온돌 3칸, 마루 7칸으로 팔작지붕이다. 마루 앞으로 길게 내민 처마가 여름철 햇볕을 차단해주며 시문이 적힌 현판만 19개가 있을 정도로 정자의 용도를 잘 보여준다.

양벽정은 도래마을의 중심 시설일 뿐 아니라 풍산리를 이루는 다섯 마을에서 함께 사용하는 공동 시설이기도 하다. 그러므로 다섯 마을 주민들은 음력 정월 초사일 음식을 추렴해 새해를 축하하고 공동으로 세배한다. 이때 전해에 수확을 가장 많이 한 사람이 음식을 낸다고 한다.[4] 양벽정 앞에는 연못이 있는데 영호정과 경관을 공유한다.

양벽정과 대칭되는 위치에 계은정이 있는데 다른 정자들이 마을 앞쪽에 세워진 것에 반해 이곳은 마을 공간에서 벗어나 마을을 내려다볼 수 있는 곳에 위치한다. 마을 앞의 정자들과는 달리 주산봉의 중턱, 즉 마을 영역의 뒤쪽 경계 부분에 일제 강점기인 1928년에 세워졌다. 사대부들이 현실적인 환경에서 크게 벗어나지 않고 자연을 즐길 수 있는 방법으로 조망이 좋은 곳에 누정을 세운 것이다.

모두 6칸의 정자로 그중 중앙 부분에 온돌이 1칸, 마루가 5칸이며 지붕의 전후좌우에 금속재로 된 처마를 달았다. 한옥에 이질적인 재료를 가미하면 어색하게 보이기 마련인데 계은정은 그런 느낌이 들지 않는다. 철쭉과 배롱나무들이 주위에 크게 자리 잡고 있는데 철쭉꽃이 필 때와 여름철의 풍광은 그야말로 일품이다. 이곳에 오르면 앞으로 도래마을이 보이고 멀리 방풍림과 송림제가 보인다.

계은정에 오르면 도래마을이 앞으로 보이고 멀리 방풍림과 송림제가 보인다.

계은정 앞에는 연못이 있다. 천원지방*이라는 원리를 기본으로
하지만 연못 형태는 사각형에서 다소 변형된 凹자형이고 중앙에 원형
의 조그마한 섬이 있는데 식수는 하지 않았다. 도래마을의 물은 높은
곳에 위치한 계은정에서 시작해 마을을 관통하고, 가장 낮은 곳에 있
는 양벽정 앞의 연못으로 흘러든다.

　　도래마을이 속한 나주는 천년 고도로 이중환이『택리지』에서 "금
성산을 등지고, 남쪽으로 영산강이 흐르니 도시의 지세가 한양과 비
슷하고, 예부터 이름난 인재가 많이 난 곳"이라고 적었다. 세종 때 한
글 창제를 도운 신숙주, 거북선을 발명한 나대용 등 역사에 한 획을 그
은 인물과 조선 성종 때 중국 3대 기행문 중 하나인『표해록』을 지은
최부 등이 이곳 출신이다.

　　매년 유채꽃과 더불어 영산강변에서 영산포 홍어 축제가 열려 식
도락가들을 즐겁게 한다. 10월에는 금성관 일대에서 나주 영산강 문화
축제가 열리는데 마한의 추수 감사제인 '소도제'를 시작으로 왕건과
장화왕후 궁중 혼례, 삼현 육각** 공연, 나주 목사 부임 행사 등이 성대
하게 꾸려지므로 우리 역사를 접할 수 있는 좋은 기회다. 인근에 불회
사 대웅전(보물 제1310호), 운홍사(중요 민속자료 제12호), 천불천탑으로 유
명한 운주사, 도갑사, 쌍봉사, 보성차밭, 소쇄원 등이 있어 수많은 사
람의 발길을 재촉한다. ❋

❋ **천원지방(天圓地方)**
하늘은 둥글고 땅은 네모남
을 이르는 말. 중국 진나라
때『여씨춘추전』에 나오는 말
이다.

❋ **삼현육각(三絃六角)**
삼현(거문고, 가야금, 향비파)과
육각(북, 장구, 해금, 피리, 태평소
둘)의 갖가지 악기.

三步

항끝마을

강골마을

✛

전남 보성군 득량면

보성이라면 많은 사람이 차밭과 영화 〈서편제〉를 떠올릴 것이
다. 서편제의 비조 박유진의 뒤를 이어 오늘날 조상현, 성창순 등 판소
리 명창을 길러낸 송계 정응민이 보성군 회천면 도강마을 태생이다.
이와 같이 우리나라의 전통문화를 대표하는 보성에서 과거의 전통을
그대로 간직하고 있는 강골마을이 이번 목적지다.

강골마을은 조선 시대 한옥의 참모습을 고스란히 간직하고 있는
몇 안 되는 마을 가운데 하나다. 39개 가옥에 지나지 않지만 3개의
가옥과 1개의 정자가 중요 민속자료로 지정될 만큼 역사적, 문화적 가
치가 높은 곳이다. 이금재 가옥(중요 민속자료 제157호), 이용욱 가옥(중요

강골마을은 주변이 대숲으로
둘러싸여 가까이 다가가도 전
모를 알 수 없을 정도로 은닉
되어 있다.

민속자료 제159호), 이식래 가옥(중요 민속자료 제160호), 열화정(중요 민속자
료 제162호)이 그것이다.

　　조선 시대의 전형적인 집성촌으로 원래의 모습을 고스란히 간직
하고 있어 유명하지만 여타 전통 마을처럼 잘 알려져 있지 않아 더욱
매력적이다. 강골마을이 잘 알려지지 않은 이유는 국도에서 다소 떨
어져 있어 관광 코스에서 비켜난 데다 한반도 남쪽의 끝자락에 있기
때문이다. 더구나 주변이 대숲으로 둘러싸여 가까이 다가가도 마을의
전모를 알 수 없을 정도로 은닉되어 있다. 대나무가 많은 이유는 마을
이 해변에 접해 있으므로 방풍림으로 심었기 때문이다.

강골마을은 원래 어촌 마을이
었는데 득량만 방조제로 인해
논과 밭으로 둘러싸인 농촌으
로 변했다.

　　과거에는 강골마을 앞에 놓인 철로까지 바닷물이 들어왔다. 다시
말해 어촌 마을이었는데 1937년 완공된 득량만 방조제로 인해 해변
이 아니라 논과 밭으로 둘러싸인 전형적인 농촌으로 변했다. 방조제
의 완공으로 득량면의 농경지가 순식간에 2배 이상 늘었고 이를 토대
로 쌀의 생산이 획기적으로 증가했다. 이를 반영하듯 '득량'이란 말은
양식을 얻는다는 뜻이다.

　　물론 이 말은 일제 강점기에 생긴 것이 아니라 임진왜란과 관련
있다. 임진왜란 당시 비봉리 선소마을 앞섬, 즉 지금의 득량도에서 이
순신 장군이 왜군과 대치하던 중 아군의 식량이 떨어져 비봉리 선소

에서 최대성 장군의 도움으로 식량을 조달해 왜군을 퇴치했다 해서 붙여진 이름이다.[1]

바다가 펼쳐졌던 동남쪽을 제외한 마을의 삼면은 산이 감싸고 있다. 풍수지리적으로 마을 뒤에는 주산, 앞쪽에는 안산, 그 앞 너머에는 조산인 오봉산이 있는 것이다. 오봉산은 해발 345미터의 큰 산과 305미터의 작은 산 두 개로 나뉘어 있는데, 현지에서는 큰 산을 칼바위라 부르고 작은 산을 오봉산이라 부른다. 다섯 개의 봉우리가 있다 해서 오봉산이라는 이름이 붙여졌으며, 그리 높지 않지만 곳곳에 특이하고 기묘한 모양의 바위들이 있어 많은 등산객이 찾는다.

오봉산을 배경으로 한 강골마을 앞에는 간척 사업에 의한 광활한 논이 펼쳐져 있으며 이렇게 주거지와 농경지가 맞물린 모습은 우리의 전통 마을에서 흔히 볼 수 있다. 또한 강골마을에는 돌담, 탱자나무 산울타리, 죽책, 흙 돌담, 죽책과 산울타리의 복합 형태, 흙 돌담과 산울타리의 복합 형태 등 다양한 담장이 존재한다. 이 담장들이 마을의 아름다운 분위기와 조화를 이루며 격을 한층 높여주고 있다.

마을 중간중간 보이는 돌담들은 큰 돌들을 쌓고 사이사이 작은 돌을 끼워넣었다. 돌과 흙을 번갈아 쌓은 토석 담으로 기단부, 본체, 지붕으로 구성되며 빗살무늬토기처럼 돌을 비스듬히 얹고 흙을 짓이겨놓은 데다 위로 갈수록 얇아지기 때문에 안쪽으로 약간 기울었지만 안정된 모습이다.

강골에는 11세기 중엽 양천 허씨가 처음 터를 잡았고, 원주 이씨를 거쳐 16세기 말에 경기도 광주에 뿌리를 둔 광주 이씨가 들어왔다. 광원군 이극돈은 의정부 좌찬성을 지냈고 추후에 영의정으로 추존되었는데, 그의 손자 대가 보성으로 들어온 후 그의 증손인 이유빈이 처가가 있는 강골마을에 정착해 광주 이씨 광원군파 집성촌이 되었다. 현재 광주 이씨들은 서울, 경기 다음으로 전라도에 많이 거주한다. 강골마을의 39호의 가구 중 세대주가 타성인 경우는 10호 미만이지만 대부분은 광주 이씨와 혼인 관계다.

강골마을은 다른 전통 마을과 현격한 차이가 있다. 방조제로 인한 현대화의 영향을 받았기 때문이다. 일반적인 전통 마을에서는 종가를 비롯해 크고 격식을 갖춘 집들이 마을 주거지의 뒤쪽, 즉 위계가 높은 지점에 위치한다. 그러나 강골마을에서는 위계가 있는 집들이 마을 앞쪽 중앙부를 차지한다. 씨족 사회의 딱딱한 규범 안에서 은연중 자신들의 위세를 발휘하려는 의도였을 것이다.

강골마을의 또 다른 특징은 주거지의 밀집 현상이다. 일반적인 전통 한옥에서는 문간채의 긴 면을 보면서 집 안으로 들어가는 데 반해 박준균 가옥은 문간채 박공* 방향, 즉 마구리** 방향으로 진입한다. 또한 문간채를 따라 담장이 바싹 설치되어 있다. 길과 가까워 바깥마당을 둘 여유가 없을 정도로 공간의 제약을 받았기 때문이다.

안영전 가옥은 남향의 마당을 두기 위해 안채 뒤쪽에 출입구를 냈는데 일반 전통 마을에서는 상상할 수 없는 일이다. 다른 마을의 경우 대지에 한계가 있으면 강골마을 같은 방식을 채택하지 않고 근처에 새로운 마을을 개척했다. 즉 기존 마을의 주거지 밀도를 높이기보다 새로운 환경을 찾았는데, 이곳에서는 분가하지 않고 좀더 작은 공간을 찾았다. 씨족 마을의 원칙에 맞게 좁더라도 함께 사는 것을 고수한 것이다.[2]

＊ 박공(搏栱/欂栱)
박공지붕의 옆면 지붕 끝머리에 'ᄉ' 모양으로 붙여 놓은 두꺼운 널빤지.

＊＊ 마구리
1. 길쭉한 토막, 상자, 구덩이 등의 양쪽 머리 면.
2. 길쭉한 물건의 양 끝에 대는 것.

이용욱 가옥

마을 중앙에 있는 이용욱 가옥은 이곳의 종가 집안으로 헌종 1년 (1836) 건설되었으며, 강골마을에서 유일하게 솟을대문을 갖고 있다. 강골에서 가장 아름답다는 평을 듣는 전형적인 남도식 평면 구조이며 담장으로 막아서 사랑 마당이 외부로 드러나지 않는다. 특히 안채, 사랑채, 곳간채, 행랑채, 중간문채, 사당 등을 모두 갖춘 사대부 집의 건축 양식을 잘 보여주고 있다.

안채와 사당은 원래 초가로 지었으나 파손되자 기와집으로 개축했고, 다른 솟을대문과는 달리 3칸이었던 것을 5칸으로 개축했다. 토석 담과 한옥의 기와 선이 끊어지다 이어지면서 상승하는 구조로 마치 성을 보는 것 같은 느낌을 준다.

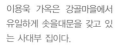
이용욱 가옥은 강골마을에서 유일하게 솟을대문을 갖고 있는 사대부 집이다.

솟을대문을 세운 이유가 흥미롭다. 원래 현재의 중간채가 정문이고 사랑채 오른쪽에 연못이 있었는데, 이 집에서 과거에 급제한 인물이 나오자 연못을 메우고 중간채 앞에 현재의 솟을대문을 세웠다는 것이다. 당대 과거 급제자의 위세를 알 수 있는 대목이다.

팔작지붕으로 된 사랑채로 가는 길은 두 개의 계단을 올라 온돌방 앞에 하나, 대청마루에 하나 놓인 섬돌을 이용하도록 되어 있다. 격식을 강조하는 사당이나 관청 건물의 기단 같은 규율이 느껴진다. 넓은 사랑채 마루에 앉으면 솟을대문 위쪽 오봉산 정상으로 책을 보며 앉아 있는 듯한 형상의 바위가 보인다. 따라서 공부를 잘할 수 있도록 이곳에 집을 세웠다는 이야기가 전해진다.

안채는 정면 5칸, 측면 2칸의 홑처마 팔작지붕이다. 동쪽에 부엌을 두었고 다음이 큰방, 중앙 2칸은 대청, 맨 끝이 작은방이다. 기둥은 사각기둥이고 주춧돌은 사각으로 화강암을 가공했다. 합각에는 물결 무늬를 새겼다.

안채 옆에 곳간, 전면에 광으로 사용하는 중간채가 있는데 광에는 일반적으로 옹기와 쌀뒤주를 비롯한 각종 살림 도구를 비치한다. 곳간은 곡식을 저장하는 곳이며 이곳의 곳간은 당대의 대갓집답게 대단히 큰 규모다. 중간채의 배치도 흥미롭다. 대부분의 가옥은 평평한 지반 위에 건물을 세우는데 이 집의 중간채는 지반의 높이를 한 단계 낮춰 지었다. 중간채의 높이를 낮춰 본채에서는 사랑채와 솟을대문을 볼 수 있지만 솟을대문에서는 안채를 볼 수 없다. 반면에 본채의 안방 마님이 주거하는 방에서 중간채 건물 너머 솟을대문을 보면 손님이 사랑채까지 오는 것을 알 수 있다. 지반의 높낮이로 사생활을 보호할 수 있는 구조다.[3]

안채 오른쪽에는 '연암', '원암'이라는 현판과 '효제충신' 등 다양한 주련이 걸려 있는 사당 겸 서재 건물이 있다. 이 가옥에서 집주인이 가장 심혈을 기울여 관리하는 건물로 정면 3칸, 측면 1칸의 작은 집이다. 일반 사당과는 달리 방이 두 개인데 왼쪽과 오른쪽의 용도가 판이하다. 오른쪽은 불천지위로 모시는 분이 없으므로 4대 봉사를 위한 위패가 모셔져 있으며 정통적인 사대부 집안의 예다. 왼쪽 방은 부엌도 있는데 용도가 놀랍다.

과거에 부모가 돌아가시면 3년 동안 묘를 지키는 것이 자손의 도리였다. 그런데 묘지 옆에서 3년을 지낸다는 것이 간단한 일은 아니었

다. 묘지 옆에 초막을 지어 잠자리를 확보한다 해도 양반 신분에 직접
밥을 짓지도 않으니 먹을거리를 해결하기가 어렵기 때문이었다. 3년
동안 묘를 지킨다는 것은 집안의 적극적인 지원이 없으면 불가능하
며, 다시 말해 집안사람들이 매우 고통 받는다는 것을 뜻한다. 산소가
집에서 멀다면 묘를 지키는 양반을 위해 매일 식사 등 생필품을 전달
하는 것이 간단한 일은 아니었을 것이다. 유교 사상으로 똘똘 뭉친 조
선 시대에 3년 동안 묘지를 지킨 사람이 많지 않은 이유다.

　그런데 이용욱 종가에서는 이 문제를 슬기롭게 해결했다. 부모의
묘 옆에서 3년을 지내는 것이 아니라 집 안의 사당에 머물면서 효도를
다한 것이다. 바로 옆에 있는 안채에 부인이 살고 있지만 주인은 사당
의 작은 방에 기거하며 매일 부모에게 효를 드리고 3년상을 치른 뒤에
야 비로소 안채로 돌아갔다. 당대의 종갓집 장손이 얼마나 어려운 생
활을 했는지 이해할 수 있는 대목이다.

　가옥에는 도시에서는 잘 볼 수 없는 농기구들이 가득해 마치 옛
물건으로 가득 찬 박물관에 온 것 같다. 한국관광공사가 선정한 '한옥
연계 추천 여행 코스 30선'에 선정되어 숙박이 가능하며, 관광버스
2~3대가 정기적으로 머물며 한옥 체험을 만끽하고 돌아가는 명소로
도 활용된다.

　이용욱 가옥에서 흥미로운 것은 우물과 맞대고 있는 담에 뚫린
조그마한 구멍이다. 이 우물은 마을 사람들이 공동으로 사용하던 것
인데 아름다운 담장 가운데 구멍이 뚫린 연유가 있다. 이용욱 가옥은
워낙 마을에서 뼈대가 있는 집안이라 동네 사람들이 함부로 들어가
주인을 만날 수 없었다. 그러므로 이용욱 집안에 청할 것이 있을 때 우

이용욱 가옥의 담 구멍. 마을 사람들이 이용욱 집안에 부탁할 일이 있을 때 이용했다고 한다.

물에서 이야기를 하면 이를 하인들이 듣고 주인에게 전해 해결했다는 것이다. 집주인으로서는 소원을 부탁하는 사람을 직접 만나는 부담을 덜 수 있고, 소원을 청하는 사람은 소위 상전을 직접 보지 않아도 되므로 마음껏 소원을 이야기할 수 있었던 것으로 전통 마을에 이런 해학이 담겨 있다는 것을 보면 저절로 미소가 나온다.

집 앞에 연못과 조그마한 섬이 있고 버드나무가 있다. 얼마 전까지 연못이 메워져 밭이 되었는데 다시 복원된 것이다. 버드나무는 우리나라에서 매우 흔한 동시에 유용하기 그지없는 나무다. 기우제를 지낼 때나 농사의 풍년과 흉년을 점칠 때 사용되었고, 곤장도 버드나무로 만들었다. 또한 옛날 사람들은 사랑하는 사람과 헤어질 때 버드나무 가지를 꺾어주었다. 여러 가지 해석이 있으나 버드나무 가지는 산들바람에도 쉽게 흔들려 이처럼 자신의 마음을 알아주지 않는 게 아니냐는 투정이 포함되어 있다.

강골마을에서 이용욱 가옥에만 솟을대문이 있었던 것은 아니다. 원래 강골마을은 지역적인 위치상 부농의 조건을 모두 갖추고 있었는데, 현대화의 물결로 농기계가 보급되자 농기계를 대지 안으로 들여오기 위해 대문간을 넓히면서 솟을대문이 철거되었다. 20세기 후반에 들어서 사대부를 의미하는 솟을대문보다 농업 경영, 즉 실용성을 중요시한 것은 당연한 일이라 볼 수 있다.

이식래 가옥

이용욱 가옥의 담장을 따라 좀더 들어가면 초가집으로 된 사랑채와 담장을 一자형으로 연결한 이식래 가옥이 나타난다. 이 집에는 별도의 바깥 대문이 없다. 사랑 마당 앞 텃밭 주위에 싸리나무 울타리가 있는 것을 볼 때 죽담이 아닌 나무로 이어 엮은 바자* 울타리에 사립문이 있었을 것으로 보인다.

주위에 대나무 숲이 우거져 있어 집 안에 별다른 정원수가 없음에도 그윽한 느낌을 준다. 상량문**에 의거하면 1891년에 건설되었지만 안채의 동쪽 아랫방은 후대에 증축한 것으로 추정된다. 안채는 부엌, 큰방, 대청, 작은방이 一자형으로 배치된 전형적인 남도식 4칸 집이었으며 아래쪽에 1칸을 덧달아 5칸 집이 되었다. 안채 서쪽에 담을 쌓아 뒤쪽의 휴식 공간을 보호하고 있는데 우리나라 주택의 공간 구성법 중 하나다.

사랑채는 넓적하고 큰 판석을 한 줄 돌린 뒤 납작하고 평평한 돌

* **바자**
대, 갈대, 수수깡, 싸리 등으로 발처럼 엮거나 결어서 만든 물건. 울타리를 만드는 데 쓰인다.

** **상량문(上樑文)**
상량식을 할 때 상량(기둥에 보를 얹고 그 위에 처마 도리와 중도리를 걸고 마지막으로 마룻대를 올림. 또는 그 일)을 축복하는 글.

■
이식래 가옥은 초가집으로 된
사랑채와 담장을 일자형으로
연결했다.

* 납도리집
접시받침과 납도리(모가 나게
만든 도리)로 된 집.

** 와편(瓦片)
깨어진 기와 조각.

을 얹은 기단 위 전면 네 칸 규모이고, 측면 한 칸에 앞뒤로 반 칸 규모
의 툇간을 이은 형식이다. 초석은 자연석을 약간 가공해 사다리꼴 형
태로 만들고, 그 위에 네모난 방주 기둥을 세운 납도리집*이다. 서쪽
부터 부엌, 아랫방, 툇방, 대청 순으로 배치하고 대청 앞은 개방해 칸
막이를 두지 않았다. 굴뚝은 키가 작은 와편** 굴뚝이다. 사랑채에는
넓은 마당이 마련되어 있다. 사랑 마당 뒤에 사랑채가 앉아 있고, 서쪽
에는 행랑채가 동향으로 배치되었는데 누마루가 없는 사랑채 대청이
소박한 느낌을 준다.

대청마루와 두 개의 온돌방인 아래 사랑방에서 안채로 갈 수 있는

문을 각각 만들고 섬돌을 놓았는데, 더운 여름에 문을 열면 바람이 직선으로 사랑채를 통과하도록 한 지혜가 돋보인다. 문간채는 사람의 허리 높이까지 추녀를 낮추고, 흙으로 벽을 쌓고, 널빤지 문을 달았다. 이곳은 문간채이면서 동시에 소 외양간으로도 사용되었다. 문간채에 들어서면 장독대 담장이 내부 시선을 가리고 넓은 안마당이 펼쳐진다.

안마당 서쪽에 있는 곳간채는 중앙에 세 칸을 두고 한 칸은 대청마루로, 두 칸은 판벽으로 만든 판문의 곳간을 두었다. 3분의 1칸 규모의 퇴를 끝에 두어 한쪽은 안 측간으로, 다른 한쪽은 기둥만 내세운 우진각 지붕* 기와집으로 만들어 좀처럼 보기 드문 구조다.

안채는 다섯 칸의 납도리집으로, 2고주 5량인 초가집에 둥근꼴 판대공**이다. 기둥은 방주이고 자연석을 약간 네모나게 가공한 주춧돌을 사용했으며, 2벌대 자연석 막쌓기로 하고 갑석***을 한 줄 더 올린 기단을 만들었다. 서쪽으로 툇마루를 두고, 앞 칸에 작은 방, 뒤 칸에 뒷방을 두었다. 안채 중간에는 부엌이 딸린 두 칸의 온돌방과 마루를 달았으며, 건넌방을 두고 툇마루를 설치해 밖에서 방으로 들고 나도록 했다.[5]

특이한 점은 본채와 사랑채는 초가인데 광은 기와로 지어져 있다는 것이다. 곡식과 농기구 보관이 무엇보다 중요해 사람은 초가에서 살더라도 광만큼은 우대해 기와로 지었는지도 모른다. 건물도 중요성에 따라 대우받는다는 것을 생각하면 미소가 나오지 않을 수 없다.

광만큼 독특한 것은 이 집에서 가장 화려한 장독대다. 여타 마을이 장독대를 개방적인 공간에 설치한 것과 달리 강골마을의 대부분 집에서는 장담을 쌓고 문을 달아 장독을 보관했다. 이곳 역시 옆집인

* 우진각 지붕
네 개의 추녀마루가 동마루에 몰려 붙은 지붕.

** 판대공
두꺼운 널빤지로 만든 대공.

*** 갑석
돌 위에 올려놓는 납작한 돌.

이용욱 가옥의 곳간채에 기대 기와 담장을 막고, 그 사이에 일각대문을 따로 마련했다. 그만큼 장을 소중히 여겼다는 뜻이다. '장맛이 변하면 집안에 불길한 일이 생긴다'는 말도 있지만, 강골마을이 전통을 계속 지킬 수 있었던 힘은 다름 아닌 장맛에서 나왔는지도 모른다.

현재는 사라졌지만 사랑채 앞으로 '가랍집(호지집)'이 있었다고 한다. 가랍집은 머슴이 사는 살림채로 별도로 살림을 하는 집이라는 점에서 살림을 따로 하지 않는 하인들의 공간인 행랑채와 다르다. 강골마을은 부농 마을이므로 넓고 광대한 농지를 경작하기 위해 머슴이 중요하긴 했지만, 이들에게 주인집 안에 독립된 집을 따로 배려한 것

이용욱 가옥에서 특이한 점은 본채와 사랑채는 초가인데 광은 기와로 지어져 있다는 것이다.
∎

은 매우 이례적이다.

이금재 가옥

이금재 가옥은 오봉산을 바라보면서 남향해 있는데, 사이에 위치한 '소리샘'이라는 공동 우물을 꼭 보아야 한다. 소리샘이 있는 땅은 원래 이용욱 가옥 소유이지만, 워낙 마을에 식수가 귀하다보니 우물을 파고 마을 사람들을 위해 개방했다 한다.

사랑 마당에 약간 돌출되어 만든 이 우물에서는 담에 구멍을 뚫어놓은 것을 볼 수 있다. 예부터 우물가는 동네 아녀자들이 모여 이야기도 나누고 여러 소문을 전달하던 곳이므로 동네 사람들의 소식을 듣기 위해 이같이 만들었다고 한다.[6]

원래 이 터에는 광주 이씨 입향조 이유번의 장인인 안수령의 집이 있었다고 한다. 1900년 전후에 새로 지어진 안채는 일반적인 형태와 달리 날개가 덧붙여졌다. 평면 구성은 남도식으로 부엌, 안방, 대청이 꺾이지 않고 일렬로 배치되는 一자형을 기본으로 한다. 대문채와 곳간채, 아래 곳간채는 ㅁ자형으로 배치되어 있다. 안마당은 동네의 다른 집들과 달리 화단을 만들어 아름답게 조경해놓았다. 강골마을에서 발견되는 이런 독특한 주거형을 凹자형이라고 하는데, 집 앞에서 바라보면 주택 평면이 凹자 모양으로 보이기 때문이다.

凹자형 주택의 경우 후면은 凹자형 퇴로 둘러싸며 나머지 한 면은 경사진 지형으로 규정되는 내밀한 뒷마당이 있다. 또한 채마다 하나의 마당이 대응하는 전통적인 구성에서 벗어나 하나의 채에 사방으로 여러 개의 마당이 대응한다. 채의 앞쪽에는 안마당, 뒤쪽에는 뒷마

이금재 가옥의 독특한 주거형을 凹자형이라고 한다. 집 앞에서 바라보면 주택 평면이 凹자 모양이기 때문이다.

당, 옆쪽에는 사랑 마당, 부엌 뒤쪽에는 가사 작업 마당이 있다. 따라서 이런 집에서는 삼대가 한 채에 모여 살면서도 독립성을 유지할 수 있다.

한옥의 경우 대부분 특별한 변화가 없는 一자형이나 ㄷ자형, ㅁ자형으로 규정된다고 생각하겠지만 凹자형 집을 보면 한옥의 유형이 얼마나 다양한지 알 수 있다. 작은방은 사랑방의 용도로 측면에서 드나들도록 했는데 충청도, 경상도, 전라도 지역에서 자주 볼 수 있는 형식이다. 안마당의 정원은 옛 멋을 잃었지만 뒤뜰과 사랑방 동쪽의 후원, 굴뚝이 아름다운 한옥의 분위기를 돋운다.

凹자형 가옥은 강골마을의 이금재 가옥과 마을 서쪽 인근에 있는 예동마을의 이용우 가옥에서도 보인다. 이용우 가옥에서는 뒤로 꺾여

돌출된 2칸이 각각 신혼 자녀의 방과 음식을 보관하는 찬방으로 사용
된다. 그런데 이들 간의 연계가 재미있다. 예동마을도 강골마을과 마
찬가지로 광주 이씨 씨족 마을이며 이금재는 이용우의 둘째 아들이
다. 원래 예동 마을 출신인데 강골로 분가해온 것이다. 이를 두고 한
필원 교수는 凹자형 가옥은 광주 이씨 문중에서 근대기에 개발한 주
거 유형일지도 모른다고 설명했다. 凹자형 가옥을 특허 신청했다면
충분히 인정받았을 것이라는 뜻이다.

이금재 가옥은 안채와 광채
모퉁이를 담장으로 막았다.

후원은 외부인이 직접 출입하지 못하도록 안채와 광채 모퉁이를 담장으로 막았다. 작은방 동쪽에는 담장 아래에 반 칸 정도 나지막한 화단을 조성했다. 담장 중앙에는 협문을 만들어 안채의 아낙들이나 자녀들이 대나무 숲이 무성한 후원으로 출입하도록 만들어놓았다. 뒤울타리 안에도 축대를 쌓고 동백나무 등을 심었다. 남도의 특징의 하나인 동백나무를 마을 곳곳에서 볼 수 있는 것도 다른 지역에서 볼 수 없는 독특한 풍경이다.

강골마을의 가옥 대부분은 19세기 후반에서 20세기 초에 지어졌기 때문에 현대화의 물결을 고스란히 반영하고 있다. 근대에는 주거 공간의 수요가 크게 증가해 건물 칸수가 늘어났다. 5칸 이상의 큰 집이 되자 난방이 중요해 부엌 양쪽에 방을 두어 一자형 구성을 유지했다. 부엌 양쪽에 온돌방을 두면 부엌 하나에 아궁이를 모아놓을 수 있어 난방이 편리해진다. 이런 평면형을 흔히 중앙 부엌형이라고 부르는데 충남에서 다소 보이기는 하지만 전남 지역 이외에서는 찾아보기 힘든 형식이다.

또한 건물 곳곳마다 장식적 요소가 가미되었다. 부를 과시하려는 의도로 보이며 이용욱 가옥의 솟을대문 홍살대는 물론 대문 중간의 돌쩌귀*를 철물로 보강한 것에서도 알 수 있다. 이길래 가옥에서도 대문간이 홍살대로 장식되었고 반준균 가옥에서는 안채 지붕 합각벽**을 꽃 기와로 장식했다. 이 같은 장식은 유교적인 분위기가 철저하게 흐르던 조선 중기까지 금기시되던 것이다.[7]

실개울을 따라 마을 뒤편으로 올라가면 깊숙한 숲 가운데 중요

＊ 돌쩌귀
문짝을 문설주에 달아 여닫는 데 쓰는 두 개의 쇠붙이. 암짝은 문설주에, 수짝은 문짝에 박아 맞추어 꽂는다.

＊＊ 합각벽(合閣壁)
박공 머리의 세모꼴로 된 벽.

민속자료 제162호인 열화정이 자리 잡고 있다. 헌종 11년(1845) 이진만이 후진 양성을 위해 세운 것으로 자연을 그대로 살려 아름다운 공간을 연출하는 풍류각이다.

　　한국의 전통 마을에는 두 종류의 정자가 있다. 첫째는 마을 앞에 조성되어 사람들이 수시로 드나들 수 있는 사회적 공간이다. 또 하나는 마을 뒤쪽에서 경치를 감상하며 마음을 닦는 공간이다. 전자가 마을의 협동성을 강조했다면 후자는 양반들의 유교적 자연관을 보여준다. 열화정은 이 둘을 복합한 독특한 정자다. 동향에 위치한 정자에는 '백사문白沙門'이라는 현판이 걸린 일각대문이 서 있다. 문을 들어서면 ㄱ자형 누마루를 갖춘 집이 있다.

　　온돌방 전면은 툇마루를 두었으며, 대청마루와 누마루를 하나로 연결하고, 뒤쪽으로는 헛기둥을 일렬로 세워서 헛퇴를 달아 정자에서 사방의 경치를 감상하기 좋게 만들어놓았다. 팔작지붕으로 된 정자는 자연석 막쌓기의 기단 위에 위치하며, 높은 덤벙 주초 위에 둥근기둥을 세웠다.

　　기둥머리는 둥글게 만든 도리에 장여*를 받치고, 소로(접시받침)를 끼워 장여 모양의 창방**을 받쳐 고졸한 정자의 면모를 갖추고 있다. 종도리는 장여만 받쳤으며, 사다리꼴 판대공으로 지지하는 들보는 네모꼴로 모서리를 두르고 굽은 부재를 사용해 생동감을 느끼기에 충분하다.

　　평면 중앙에 있는 두 칸의 온돌방은 아랫방과 윗방으로 구분하고 앞쪽으로 돌출해 두 칸은 누마루로 만들었다. 누마루의 앞과 양쪽에는 쪽마루를 내밀어서 계자 난간을 시설했다. 돌출된 난간 밑에 누마

＊ 장여(長欄)
도리 밑에서 도리를 받치고 있는 길고 모진 나무.

＊ 창방
한식 나무 구조 건물의 기둥 위에 건너질러 장여나 소로, 화반을 받는 가로재. 오량 집에 모양을 내기 위해서 단다.

열화정의 '열화'는 씨족의 화
합과 결속을 염원한다는 뜻을
담고 있다.

루를 세웠고, 그 앞에는 활주를 두 개 세워 안정감을 더하고 있다.[8]

마당 앞에는 연못이 있는데 주변에 여러 개의 괴석과 벗나무, 목
련, 석류, 대나무 등을 심어 주변 숲과 어울리는 아름다운 공간을 연출
했다. 그러나 연못의 형태가 다소 이례적이다. 조선 시대 연못은 대체
로 천원지방의 관념을 따라 사각형 연못에 원형 인공 섬을 조성했다.
그러나 열화정의 연못은 ㄱ자형으로 못 안에 섬을 두지 않았다. 열화
정이 건설될 때 다소 외진 강골마을에까지 근대정신이 스며들어 유교
사상에 얽매일 필요가 없었는지도 모른다.

열화정은 높은 곳에 자리 잡은 큰 정자이지만 시야가 시원하게 펼쳐지지는 않는다. 이곳은 학문을 수양하는 공간인 동시에 씨족끼리의 종회나 마을사람들의 동회 등 각종 모임을 여는 만남과 소통의 공간이기도 하므로 굳이 특정 사대부의 조망만을 강조하지 않은 것으로 보인다. 이런 의미는 '열화'라고 이름 붙인 것에서도 알 수 있다. 열화는 도연명의 「귀거래사」에 나오는 말로 씨족의 화합과 결속을 염원했다는 것을 알려준다.

"친척들과 정담을 즐기고 거문고 타고 글을 읽으며 즐기니 시름이 사라진다."

이와 같은 결속은 보다 승화되어 강골마을은 대한 제국 말기에 일본 제국주의에 항거해 싸웠던 이관희, 이양래, 이웅래 등 여러 지사를 배출하기도 했다.

큰 가옥마다 앞뜰에 연못을 만든 것도 특징이다. 강골마을에는 연못이 4개 있다. 열화정 앞을 제외한 3곳의 연못은 모두 이금재 가옥, 이용욱 가옥, 이채원 가옥 등 개인 주택 앞에 위치해 독특한 경관을 조성한다. 일반적으로 전통 마을에서는 마을 앞쪽 공동 공간에 연못을 조성하는데 이곳에서는 연못이 개인 소유인 것이다.

마을 뒤쪽 오솔길을 따라가면 선사 시대에 만든 고인돌을 볼 수 있다. 2,000년 전 이곳에 터전을 잡은 선조들의 삶을 잊지 않고 공원으로 조성했다는 것이 인상적이다. 공원 자체는 작지만 대나무로 둘러싸여 숲에서 나오는 정기를 마음껏 느낄 수 있다.

강골마을 뒤쪽 오솔길을 따라
가면 선사 시대에 만들어진
고인돌을 볼 수 있다.

강골마을은 현대화의 물결을 따라가는 것에도 남다른 순발력을
보인다. 인터넷 등의 보급으로 국민 간의 정보 격차가 벌어지자 이를
해소하기 위해 2004년부터 '정보화마을'을 추진했는데 강골마을이
지정되었다. 한 집당 컴퓨터 2대씩 지원받은 결과 나이 많은 주민의
컴퓨터 실력이 여느 젊은이에 뒤지지 않는다고 한다.

한편 강골마을에서는 옛 가락 음악회를 주기적으로 열고 있다.
대금, 가야금 연주는 물론 애끓는 우리 소리와 전통 춤까지 즐길 수 있
으므로 공연 날짜를 사전에 체크하기 바란다.

득량만 오른쪽에는 이순신 장군의 흔적이 느껴지는 비봉리 선소
마을이 있다. 선소마을은 천연기념물 제418호로 지정된 '비봉리 공
룡 알 화석 산출지' 현장이다. 근래 비봉 공룡원이 인근에 건설되었는

데 마을 사람들은 이에 남다른 자부심을 갖고 마을 담장을 거의 공룡
벽화로 채웠다. 또한 2001년 해양수산부가 지정한 '어촌체험마을'로
지정되어 살아 있는 꼬막, 쏙 등을 잡는 체험 학습이 곳곳에서 이루어
지고 있다. 인근에 율포 관광지, 보성 녹차 밭, 한국 차·소리문화공원
도 있으니 함께 답사하는 것을 추천한다. ※

四步

나안읍성마을

낙안읍성마을

✚

전남 순천시 낙안면

    강골마을을 지나 방향을 남쪽으로 잡아 주변을 음미하면서 달리다 보면 조선 시대 지방 계획도시인 낙안읍성마을에 도착한다.

    읍성은 지방 군현의 주민을 보호하고 군사 · 행정 기능을 담당하던 성으로 종묘와 왕궁이 있는 도성과는 구별된다. 읍성의 원류는 중국이며 청동기 시대부터 축조되었는데, 우리나라에도 평안도와 황해도 지역에 낙랑의 치소*였던 토성이 있고, 대방군의 치소로 알려지는 토성도 사리원 동쪽에 남아 있다. 이 시기에는 현에도 작은 읍성이 있었는데, 주로 넓은 구릉이나 평야 지대에 토루로 쌓았다.

    읍성은 부, 목, 군, 현 등 행정 구역의 등급에 따라 크기에 차이가

* 치소(治所)
어떤 지역의 행정 사무를 맡아보는 기관이 있는 곳.

〈해동지도〉에 그려져 있는 낙
안읍성(서울대학교 규장각 한국학
연구소 소장).

있었고, 크기는 주민의 수와 관계있었
다. 조선 시대 내륙 지방에는 비교적 큰
고을에만 읍성이 있었고, 해안 근처에는
거의 모든 고을에 읍성이 있었다. 크기
는 큰 읍성은 900미터 이상이었고, 중간
규모는 약 450~900미터였으며, 작은 것
은 300미터에 못 미치는 경우도 있었다.
『세종실록』「지리지」에는 남부 지역에
69개소, 『동국여지승람』에는 95개소,
『동국문헌비고』에는 104개소의 읍성이
기록되어 있을 정도로 전국 곳곳에 설치
되었다.

　　이들 읍성은 조선 말기까지 존재했
으나 1910년 일본의 읍성 철거령 때문에
대부분 철거되었다. 현재까지 남아 있는
읍성 중 대표적인 것은 정조 때 세운 수원읍성이다. 또한 낙안읍성, 비
인읍성, 해미읍성, 남포읍성, 동래읍성, 보령읍성, 진도읍성, 경주읍
성, 거제읍성, 홍주읍성, 언양읍성 등이 있는데 낙안읍성은 원형이 가
장 잘 보존되어 있는 곳 중 하나다.

　　1983년 국내 최초로 사적 제302호로 지정되었고, 현재 행정 구역
상 3개 마을(동내리, 남내리, 서내리) 85여 가구의 약 300여 명이 100여 채
의 초가집에 거주하고 있다. 관광용으로 세트화한 민속촌이 아니라
실제 남도 사람들의 삶이 배어 있는 것이다.

　　순천 조계산 끝자락에 자리하고 있는 낙안읍성은 마한 시대부터 선인들의 삶의 터전이었다. 백제 시대에는 분차, 분사, 부사라고도 불리는 파지성이었고, 통일신라 경덕왕 때는 분령군으로, 고려 시대에는 양악, 낙안으로 불리기 시작했다.

　　그러나 낙안읍성이 현재와 같은 역사 마을로 등장하는 계기는 인조 4년(1626) 충민공 임경업 장군이 낙안 군수로 부임하면서부터다. 태조 때 왜구의 침입을 막기 위해 김반길 장군이 흙으로 축조한 것을 인조 때 돌로 다시 쌓아 지금의 형태를 갖추었다. 세종 때 석성으로 축조했다는 설도 있다.

　　마을은 동북쪽으로 지리산, 서쪽으로 무등산과 이어져 있고, 남으로는 남해 여자만汝自灣의 해풍을 받는 낙안 들판이 펼쳐지는 해발 50미터의 분지형이다. 풍수지리에 따르면 지형이 옥녀산발형玉女散髮形이라고 한다. 멀리 부용산을 넘어 말봉이 있고, 금전산을 넘어 동북쪽에 옥녀봉(520미터)이 있는데, 산자락이 금전산까지 이어져 옥녀가 머리를 감아 빗고 장군에게 투구와 떡을 드리기 위해 거울 앞에 단정히 앉아 화장하는 모습 같다는 것이다.

　　이곳의 특징 중 하나는 깊은 우물이 없다는 점이다. 우리나라 전통 마을 중 여러 곳이 풍수지리에서 행주형으로 성내에 깊은 우물 파는 것을 금했는데, 낙안읍성도 그런 예다. 배는 물에 떠다니므로 언제나 가라앉을 위험이 있어 우물을 파지 못하게 한 것이다.

　　낙안읍성을 행주형으로 인식하는 것은 나름의 해석에 의해서다. 배의 닻은 향교의 뒷산, 돛은 성내의 동내리와 남내리 마을에 있는 은행나무 두 그루, 노는 성곽을 따라 있는 노거수에 해당한다. 또한 많은

사람이 낙안읍성을 찾는 것은 배를 타는 것으로 인식한다.[1]

우물이 없다면 낙안읍성 사람들은 식수를 어떻게 해결했을까 하는 의문이 생긴다. 다행히 마을 중앙에 1미터 정도의 낮은 천연 샘이 있어 식수 공급은 걱정 없었다. 풍수에서 깊은 우물을 파는 것은 금지했지만 천연 우물은 적극적으로 활용했다. 이를 배 안에 고인 물로 인식했기 때문이다. 배 안에 들어 온 물은 퍼내야 안전하므로 천연 우물을 사용하는 것은 당연한 일이었다.

다행히도 천연 우물은 물이 깊지 않은데도 가뭄 때나 우기 때나 마르거나 넘치지 않고 별 차이 없이 본래 수위를 유지했다. 가장 잘 알려진 것은 남내리 골목 안에 있는 우물이다. 큰샘 또는 미인샘이라고 하며 원님이 우물물을 식수로 사용했다고 전해진다. 더구나 예로부터

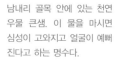
남내리 골목 안에 있는 천연 우물 큰샘. 이 물을 마시면 심성이 고와지고 얼굴이 예뻐진다고 하는 명수다.

이 물을 마시면 심성이 고와지고 얼굴이 예뻐진다는 이야기가 전해져
외부에서도 많은 사람이 떠가는 명수다. 남내리 마을에서는 이곳에
정월 초삼일 우물제를 올리고 있다.

　　낙안읍성은 여자만 해안에서 약 8킬로미터이며, 『신동국여지승
람』에 의하면 한양까지의 거리는 약 360킬로미터이고, 동쪽 순천 경
계까지는 약 5~6킬로미터, 서쪽 보성군 경계까지는 약 10킬로미터인
등 동서남북으로 연결되는 교통의 중심지다. 이런 요충지에 읍성을
건축하는 것은 당연한 일이다.

　　읍성이 대체로 산이나 해안에 축조되는 데 반해 낙안읍성은 삼면
이 겹겹의 높은 산으로 둘러싸이고 남쪽으로만 열린 들 가운데 축조
되었다. 금전산 양쪽 계곡에서 흘러내린 물은 성곽 양옆으로 해자*를
이루고 그 앞의 들판으로 이어진다.

＊ 해자(垓字)
성 주위에 둘러 판 못.

　　성곽의 길이는 남북 약 310미터, 동서 길이는 남쪽에서 약 460미
터, 북쪽에서 약 340미터로 성벽의 둘레는 약 1,410미터다. 높이는 일
정하지 않으나 대략 4~5미터, 면적은 약 13만 5,360제곱미터다. 성벽
의 두께는 위로 올라갈수록 좁아지는데 아랫부분은 7~8미터로 윗부
분 3~4미터의 2배 정도다. 성벽은 큰 돌을 양쪽 바깥에 쌓아 틀을 만
들고 잔돌을 사이에 채우는 방식으로 만들었다. 아래쪽부터 커다란
깬돌을 올리면서 틈마다 작은 돌을 쐐기로 박았으며, 위쪽으로 갈수
록 석재가 작아지고 있다.

　　성곽을 따라 동서남북 4개의 성문이 있었는데 동문은 낙풍루, 남
문은 쌍청루 또는 진남루, 서문은 낙민루라 부르며 북문은 폐쇄했다.
성문 정면으로 ㄷ자형 옹성이 성문을 감싸고 있다. 활을 쏠 수 있도록

＊ 총안(銃眼)
몸을 숨긴 채로 총을 쏘기 위
해 성벽 등에 뚫어놓은 구멍.

사방 30센티미터 정도의 총안＊이 있고 근총과 원총으로 나누었다. 성곽을 따라가면 치성이라 불리는 凸자형 성곽이 있다. 당초 12개를 계획했는데 4곳만 완성되었으며 성벽 외곽에 부분적으로 해자를 설치했다. 한민족 고유의 성 축조 기술을 따른 치성은 초소 역할을 했던 곳으로, 좌우로 침입하는 적의 동태를 살피거나 성벽을 타고 오르는 적을 측면에서 공격했다.

해자는 성곽 주변에 땅을 파거나 자연적인 지형지물을 이용해 성의 방어력을 높이는 기능을 지닌 시설물이다. 성곽 외부에만 있는 것은 아니고 내부에 설치하는 경우도 있다. 성 밖에 있는 해자는 방어력을 높이는 것 외에 지반을 다지는 데도 중요한 역할을 한다. 낙안읍성의 해자는 넓이 3미터, 깊이 1.5~2미터 정도로 적의 침입을 차단하는 역할을 했다.

낙안읍성의 또 다른 특징은 옥사가 관아와 다소 떨어진 남문 가까운 곳에 연지를 끼고 있다는 점이다. 연지란 낮은 우물에서 흘러내린 물이 주변에 모여 못을 이룬 것을 말한다. 성내에서 사용한 각종 생활용수가 연지를 거쳐 정화된 뒤 수구를 통해 성 밖으로 빠져나가는 것이다. 이를 통해 과거에도 오수 처리에 많은 신경을 썼음을 알 수 있다.

낙안읍성의 기본은 행정 도시다. 세조 12년(1466) 낙안군이 편제된 이래 1910년 폐지될 때까지 군 청사가 있는 고을로 현재의 벌교읍을 포함하는 넓은 지역을 관할했다. 낙안읍성의 인구는 1,000명 정도로 추정하는데 일반적인 전통 마을 인구의 4배 정도에 해당한다. 그러므로 일반 마을에 비해 밀도가 상당히 높아 '중세의 도시'라 불러도

과언이 아니다.

　　행정 도시는 관청이 기본이고 객사와 동헌, 부속 건물이 필수다.
낙안객사(전라남도 유형 문화재 제170호)는 매월 삭망*에 임금을 상징하는
전패를 모셔 예를 올리고 사신의 숙소로 사용하던 건물로,『신증동국
여지승람』에 군수 이인이 세종 32년(1450) 세웠다는 기록이 있다.

　　총 앞면 7칸 옆면 3칸 규모로 앞면 3칸짜리 건물을 중심으로 부속
건물이 대칭으로 붙어 있다. 앞뒤로 간략하게 맞댄 맞배지붕이며 부
속 건물은 팔작지붕이다. 기둥머리와 보 사이에 익공을 2개씩 끼운 이
익공 양식을 따랐으며, 본채 지붕은 서까래가 두 열로 구성된 겹처마
다. 단청, 이익공, 겹처마는 일반 주택에서는 찾아보기 어려운 수법으
로 왕을 상징하는 건물이므로 최대의 장식을 적용한 것이다. 지붕 처

* **삭망**(朔望)

음력 초하룻날과 보름날을 아
울러 이르는 말.

낙안읍성 남문이자 여름을 의미하는 쌍청루(진남루). 낙안은 문루마다 사계절과 농사에 관련된 의미를 지니고 있다.

* 연등천장(椽燈天障)
서까래가 그대로 드러난 천장.

** 궐패(闕牌)
조선 시대에 중국 황제를 상징한 '闕' 자를 새긴 위패 모양의 나무패. 대궐의 정전에 두었다.

마루를 받치기 위해 기둥 윗부분에 만든 공포는 앞면을 연봉오리와 연꽃 모양으로 장식했다. 실내는 재료가 모두 보이는 연등천장*이며 객사에 맞는 색상과 문양은 잘 남아 있는 편이다. 정당의 궐패**가 놓이는 내진과 외진 사이 가구에는 관아를 상징하는 홍살을 달았다.

일제는 조선을 병합한 후 조선총독부령 제1호를 통해 조선 역사의 상징인 관아와 성곽들을 헐어버리거나 다른 용도로 사용하게 했다. 낙안객사는 낙안초등학교 건물로 사용해 많은 부분이 훼손되었지만 다행히 헐리는 것은 면했다. 그러므로 1986년 학교를 이전하고 내부를 보수해 원형을 되찾을 수 있었다.

동헌은 감사, 병사, 수사, 수령 등이 지방 행정 업무를 처리하던 곳으로 오늘날의 군청이나 면사무소에 해당한다. 건립 연대는 확실하지 않지만 정면 5칸, 측면 3칸 팔작지붕으로 객사보다 다소 작다. 동

헌 서쪽에 내아로 가는 협문이 있으며 삼문과 양편에 각 창고가 하나
씩 설치되었다가 1990년 복원되었다.

　내아는 지방 관아의 안채로 내동헌이라고도 한다. 정면은 ㄱ자형
이며 7칸, 측면 2칸 팔작지붕으로 안쪽에 고방이 있으며 부엌과 창고
가 함께 설치되어 있다. 1990년 동헌과 함께 옛 자리에 복원되었다.

　동헌 앞에 있는 낙민루는 남원의 광한루, 순천의 연자루와 더불
어 호남의 명루로 1986년 낙안읍성 복원 사업의 일환으로 원래 모습
을 되찾았다. 기존 초석 위에 정면 3칸, 측면 2칸 겹처마 팔작집으로
삼문이 있다. 2층은 우물마루*로 중앙에 낙민고가 설치되어 있고 안
상형 궁창부가 있는 계자 난간을 둘렀다. 천장은 연등천장이며 모로
단청했다. 낙민루 앞에 느티나무 두 그루가 자라고 있는 곳을 구정 뜰
이라고 한다. 조선조 나주 부사가 각 군을 순회할 때 아홉 번째로 들러
쉬며 머물러 구정이라고 부르게 되었다고 한다.[2]

　낙안읍성의 출입구는 동서남에 있는 성문으로 동문(낙풍루), 서문
(낙추문), 남문(쌍청루 또는 진남루)이다. 낙안은 농사 고장으로 문루마다
사계절과 농사에 관련된 의미를 지니고 있다. 동문은 봄을 상징하고
풍년을 기원하는(봄에 씨앗을 뿌리며 풍년을 염원함) 의미를 지니고 있다.
동문의 옹성들을 복원하기 위해 1986년 발굴 조사한 결과 건물 평면
은 정면 3칸, 측면 3칸으로 판명되었고 옹성은 ㄱ자형이며 2층 누각식
이다. 1987년 복원되었으며 현판은 일중 김충현의 글이다.

　남문도 1987년에 복원되었다. 건물은 정면 3칸, 측면 2칸으로 누
각식 5량가 겹처마 팔작집으로 두 짝의 문을 달았다. 여름을 의미하며
무더운 여름철 이곳에 올라서면 남다른 시원함을 느낄 수 있다. 성안

* 우물마루
마룻귀틀을 짜서 세로 방향에
짧은 널을 깔고 가로 방향에
긴 널을 깔아서 '井' 자 모양
으로 짠 마루.

사람이 사망해 상여가 문밖으로 나갈 때 이 문을 통해 나갔다고 전한다. 서문은 아직 복원되지 않았다.

낙안읍성 안에는 특이한 관청 건물이 있는데 죄인들을 가두던 옥사다. 남문으로 가는 길목 왼쪽에 위치하며 전면 5칸의 우진각 지붕으로 2002년 복원된 것이다. 다른 관청 건물들은 팔작지붕인데 옥사를 우진각 지붕으로 한 것은 위계를 낮게 보았기 때문으로 추정된다. 툇마루를 따라서 일렬로 감방들이 배열되어 있고, 칼을 쓴 죄인을 비롯해 다양한 모형들이 설치되어 있다.

다른 고을의 경우 관아 옆에 옥사가 있기 마련인데 이곳은 관아와 떨어져 있는 것이 특징이다. 담장은 2.5미터 높이로 여타 담장보다 높게 쌓았으며, 주변에 연지(늪)를 두어 죄수들의 탈주를 막는 장애물로 이용했다. 서유구는 『임원경제지』에서 집터로 피해야 할 아홉 곳 중 하나로 옥문과 마주 보는 곳을 꼽았다. 그럼에도 옥사가 굳이 주거지 속에 있는 이유는 주민들을 상대로 교육장 역할을 했기 때문으로 추정된다.

낙안읍성 안에 있는 충민공 임경업 장군 선정비각(전남 문화재 자료 제47호)도 눈여겨볼 유적이다. 임경업 장군이 낙안 군수로 1626년부터 2년간 봉직하면서 선정을 베푼 것을 기리기 위해 1628년 군민이 세운 비각이다. 매년 음력 정월 대보름날 군민이 제향을 모시고 있으며 현재는 낙안읍성민속마을보존회에서 주관한다.

동문 밖 낙안향교 입구에는 임경업 장군의 영정을 모신 충민사가 있다. 사당은 정면 3칸 측면 2칸으로 맞배지붕이다. 같은 지역에 사당과 비각이 함께 있는 예는 드문데 임경업 장군이 단 2년 동안 낙안 군수로 있었음에도 이 같은 환대를 받는 것은 그만큼 많은 덕행을 베풀었기 때문으로 추정된다.

낙안향교는 국내 향교의 전형을 보여주며 대성전은 정면 3칸에 전퇴를 두지 않은 남향 맞배지붕이다. 명륜당은 북향집으로 대성전과 마주 보고 있으며 정면 5칸, 측면 3칸의 대강당이다. 낙안향교의 특징은 대성전 앞에 제례를 지낼 때 제관들이 서야 할 자리를 품계석처럼 설치했다는 점이다. 대성전 안 중앙에는 공자의 위패가 모셔져 있고 전면에는 제자들의 위패가, 좌우에는 한국 명사들의 위패가 있다.

읍성에는 대체로 뚜렷한 축이 있어 공간 구성의 틀을 이룬다. 성문을 잇는 도로를 기본으로 하며 낙안읍성은 동서와 남북의 T자형 축이다. 남북은 의전을 위한 축이고 동서는 일상생활의 축이다. 과거에 주민들은 동문인 낙풍루를 통해 성 안팎을 드나들었고 동문 밖으로 쭉 내려가면 낙안향교를 거쳐 벌교로 갈 수 있었다. 동서 축은 일제 강

낙안향교는 국내 향교의 전형을 보여주며 대성전 안 중앙에는 공자의 위패가 모셔져 있다.

점기에 확장되어 읍성을 가로로 관통하는 통로 역할이 강화되었지만 과거에는 길가에 건물들이 즐비했고 길에는 5일장이 서서 사람들로 붐볐다. 낙안읍성에서는 공동생활이 동·서로에서 이루어져 특별한 광장을 필요로 하지 않았다. 반면 서양 도시에서는 마을 중앙에 커다란 공간을 만들어 광장으로 이용한다. 이런 기법은 근대 우리나라에서도 보인다. 서울시청 앞 광장, 여의도 광장 등이 그런 예인데 한국의 전형이 아니라 근래에 도입된 것이다.

T자형 간선로를 제외한 길은 자유 곡선형의 좁은 골목길이다. 주택들은 대부분 좁은 골목길에서 연결된다. 담은 높이가 대체로 눈높이 정도이지만 남북로에 면한 집들의 담은 처마 아래까지 빈틈없어 길에서 집 안이 조금도 들여다보이지 않는다. 고리형 길과 막다른 골목들은 그물처럼 연결된 미로 같아 처음 방문하는 사람들은 길을 잃기 십상이다.

전통 마을의 경우 같은 성씨를 가진 사람들이 모여 살면서 뚜렷한 위계질서를 이룬 데 반해 낙안은 양반들보다는 관에 출입하는 아전들이나 가난한 서민들이 주로 살았다. 양반들이 낙안읍성 안에서 살지 않은 이유는 간단하다. 지방관과 관속이 있는 고을에서 벗어나 향촌에 터를 잡았기 때문이다. 지방관들은 한 지역에서 2년 정도 근무했으므로 양반들은 굳이 그들과 어울릴 필요가 없었다.[3]

그러므로 낙안읍성에 사는 사람들은 대부분 민초들이고 이는 거의 모든 주택이 초가집인 데서도 알 수 있다. 집은 남부 지방의 전형적인 ㅡ자형 가옥으로 방과 마루, 부엌으로 이루어져 있다. 즉 부엌, 큰

방, 작은방 등 3칸이 나란히 배열된 초가삼간이다. 한 가지 특이한 점
은 다른 지역에 있는 3칸 집은 부엌에서 방 3개를 동시에 난방하도록
구들을 놓으나 낙안읍성의 몇몇 집에서는 작은방 앞에 아궁이를 따로
두고 큰방과 별도로 난방했다는 점이다. 이렇게 하면 여름철에 부엌
에서 밥을 하더라도 작은방은 난방되지 않아 모든 방이 한증막이 되
는 것을 피할 수 있다.

　　낙안읍성에서 초가삼간 다음으로 많은 주택이 4칸 집이다. 3칸에
대청을 하나 추가한 것으로 큰방과 작은방 사이에 들어간다. 4칸 집에
서 작은방, 즉 건넌방은 사랑방과 같은 위상을 갖는다. 따라서 방의 마
구리 쪽으로 문을 내 옆에서 출입함으로써 다른 부분과 어느 정도 구
분한다. 건넌방을 난방하는 아궁이는 방 뒤쪽에 설치하는 것이 보통
이다. 또한 대개의 집들이 죽담(흙담)으로 쌓여 있고 높이가 낮으며 방
문을 작게 만든 것이 특징이다.

　　제한된 토지에 좀더 많은 사람들이 살 수 있도록 하는 아이디어,
즉 주거지의 밀도를 높이려는 시도는 집 안에 텃밭이 별로 없다는 것
으로도 알 수 있다. 성벽을 민가의 담으로 활용해 공간의 낭비를 없앴
으며, 길을 향한 집들은 건물 밖으로 담을 두르지 않고 건물 외벽이 담
을 겸하도록 해 외벽과 담 사이에 생기는 공간을 없앴다. 따라서 낙안
읍성에서는 돌로 쌓은 담과 흙으로 쌓은 건물 외벽이 맞대어 이어지
며 두 종류의 거친 재질감이 어우러진다.

　　마당도 밀도를 높이기 위해 독특하게 만들었다. 보통 민가에서는
안마당과 바깥마당이 구분되며 안채와 부속채로 둘러싸인 안마당은
생활 공간으로, 바깥채 혹은 사랑채 바깥쪽에 조성되는 바깥마당은

작업 공간으로 활용한다. 그런데 낙안읍성에서는 바깥마당을 따로 두지 않고 넓은 안마당의 경사를 이용해 단의 차이로 구분한다. 이처럼 밀도를 높여 공간을 구성한 이유는 낙안읍성이 다른 전통 마을과는 달리 읍성 도시이기 때문이다.

낙안읍성은 다른 전통 마을보다 정겹게 느껴지는데, 건축 소재를 가공 없이 그대로 사용해 집과 자연이 하나로 어우러지기 때문이다. 목조 가옥에서는 기단이 매우 중요한 역할을 한다. 목조로 지은 전통 한옥은 물기에 약하므로 기단을 통해 비가 왔을 때 물에 잠기거나 집이 습해지는 것을 방지하고 햇빛을 많이 받도록 한다. 낙안읍성에 있는 집들의 기단은 잘 가공된 장대석을 높이 쌓는 사대부 기와집과 다르게 둥글넓적한 막돌을 주워 한 줄 내지 많게는 서너 줄 쌓아 올린 것이 전부다. 둥글둥글한 모양이 우리 서민들의 심성을 나타내는 것 같아 더욱 정겹게 느껴진다.[4]

낙안읍성 안의 건물 중 문화재로 지정된 것은 모두 9채다. 다소 많다고 생각할지 모르지만 나름대로 이유가 있으므로 시간을 할애해 하나하나 방문해보기 바란다.[5]

박의준 가옥

중요 민속자료 제92호인 박의준 가옥은 옛 감옥이 있던 자리와 이웃한 이방의 집으로 읍성 안의 가옥 중에서 가장 대표적이며 멋을 부린 4칸 집이다. 1,320제곱미터의 넓은 대지 안에 있으며 안채와 아래채가 ㄱ자형으로 배치되어 있는 서남향이다. 대문을 들어서면 바로 마당이고 오른쪽으로 안채, 맞은편으로 아래채가 자리 잡고 있다. 높

은 댓돌이 있고 사각형 기둥은 한 변이 18센티미터 정도다. 좋은 목재를 구하기 어려운 고장에서 이 정도의 부재를 사용했다는 것은 간단한 일이 아닌데 인근에 있는 선소船所에서 양도받았을 것으로 추정된다. 당대의 향리가 그만큼 위세가 있었음을 보여준다.

안채는 부엌, 안방, 안마루, 건넌방 순으로 배열되어 있다. 방과 안마루의 기둥 사이는 약 2.6미터인데 비해 부엌 칸은 약 3.3미터로 매우 넓게 잡았다. 방과 안마루 앞에는 개방된 작은 툇마루가 있다. 건넌방 앞쪽에 툇기둥을 세워야 하는데 대담하게 생각했다. 머릿퇴의 귀기둥이 바로 이웃에 있으므로 중복을 피하기 위해 과감히 빼버린 것이다. 부엌에 널문을 달았고 방과 안마루에는 분합문을, 건넌방에는 외짝을 달았다. 아래채는 창고와 축사로 구성되어 있으나 일부가 개조되었다. 조선 시대에 다소 힘을 쓰던 향리의 집이므로 일반인들의 초가삼간보다는 여러 면에서 풍족한 공간이라는 점이 특징이다.

양규철 가옥

양규철 가옥은 중요 민속자료 제93호로 지정된 소박한 초가집이다. 대문을 들어서면 북쪽으로 안채가 있고 서쪽으로 돼지 막이 있다. 안채는 커다랗고 넓적한 냇돌을 골라 외벌대 기단을 만들고 자연석을 이용한 덤벙 주춧돌 위에 사각기둥을 세웠다. 규모는 초가삼간이며 온돌방 2개와 큰 부엌으로 구성되어 있는 남향집이다. 방문은 큰방이 2분합 띠살문이고 작은방이 외닫이 문으로 되어 있어 대청이 없던 서민들은 큰방의 출입이 잦았음을 보여준다. 큰방의 빗살무늬 지계문* 옆

지계문
옛날식 가옥에서 마루와 방 사이의 문이나 부엌의 바깥문. 흔히 돌쩌귀를 달아 여닫는 문으로 안팎을 두꺼운 종이로 싸서 바른다.

양규철 가옥은 가구나 수법에서 상당한 수준임을 보여준다.

에는 머리창이 하나 더 달려 있으며, 방문 앞에는 크기나 형태가 맞지
않아 다소 익숙하지 않은 모습의 툇마루가 있다.

　　가구나 결구 수법을 보면 상당한 수준임에도 하부 구조는 토벽
집의 허름한 특성을 잘 나타내고 있다. 이는 후대에 이르러 퇴락한 것
을 방치한 부작용으로, 건축 당시에는 재주 있는 목수에 의해 제법 짜
임새 있는 모양으로 지었을 거라고 추정한다. 부엌은 뒷벽을 뒤 툇간
의 기둥을 따라 쳤기 때문에 널찍하며, 벽 윗부분에 뚫어놓은 살창으
로 빛이 들어와 비교적 밝은 편이다. 부엌의 동쪽 마당에 장독대가 있
고 나머지 넓은 터는 채소밭이다.

이한호 가옥

　　중요 민속자료 제94호인 이한호 가옥은 낙안읍성 남문을 통해 들
어간 남내리 길가에 위치한 초가집이다. 대나무로 만든 대문을 들어
서면 바로 안마당이고, 마당 깊숙한 곳에 안채가 동남향으로 자리 잡
고 있다. 안채의 앞쪽에는 헛간채가 있고, 서남쪽의 담 모서리에 화장
실이 있다.

　　안채 기단은 외벌대 막쌓기를 했으며 주춧돌 역시 자연석 막돌을
이용하고 있다. 기둥은 방주와 원주를 사용했으며 납도리에 초가를
얹었다. 안채는 부엌, 큰방, 작은방 순으로 배열된 평면 구성이 매우
독특하다. 문은 외닫이 띠살문과 눈꼽재기 창을 달아, 창문을 대신해
채광을 받아들여 방 안을 밝게 하려는 지혜가 돋보인다. 눈꼽재기 창
은 마당 앞의 동정을 편리하게 살필 수 있는 창문이며, 이 집은 방마다
갖추고 있다.

이한호 가옥의 문은 창문을 대신해 채광을 받아들여 방 안을 밝게 하려는 지혜가 돋보인다.

* 우미량
가재 꼬리 모양으로 굽은 보.

서쪽과 뒤쪽의 벽을 맞담으로 쌓았을 뿐 앞면은 완전히 개방되어 있다. 방 앞에는 툇마루를 달았는데 툇보는 우미량*처럼 휘어 오른 나무를 사용했다. 후대에는 작은방 옆에 헛간을 추가로 설치했다. 부엌에는 부엌 신인 조왕신이 모셔져 있고, 부엌과 헛간채 사이에는 잘 정돈된 장독대가 돼지우리와 붙어 있다. 토담집 특유의 수수함과 소박함이 느껴지는 집이다. 집 주위의 다소 넓은 텃밭은 협소한 성내라는 특성상 자급자족할 수 있는 먹을거리의 공급처 역할을 했다고 보인다.

김대자 가옥

김대자 가옥은 중요 민속자료 제95호로 낙안읍성의 동서를 잇는 큰 도로변에 자리 잡고 있는 초가집이다. 19세기에 건설되었으며 대문을 들어서면 깊숙한 자리에 안채가 있고, 대문 바로 옆 서쪽에 화장실이 있다.

안채는 서쪽부터 부엌, 안방, 마루, 작은방 순으로 배열되어 있다.
부엌과 안방 사이에 흙으로 벽을 만들어놓았는데, 중간쯤에 조왕신을
모시던 자리와 관솔불을 켜던 선반을 설치한 자리가 있다. 앞쪽 벽의
윗부분에는 빛이 통하는 봉창들이 있어 부엌이 좀 밝다. 선반은 돌이
나 기왓장 깨진 것을 이용했다. 천장은 삿갓 천장으로 종도리, 추녀,
걸린 서까래가 모두 드러나 보인다. 이 집의 특징은 갈고리를 연상하
는 듯한 구조물이 도리와 뜬 도리에 의지해 설치된 것이다. 이는 마을
의 다른 집에서는 볼 수 없는 형태다.

김대자 가옥은 19세기에 건
설되었으며 대문을 들어서면
깊숙한 자리에 안채가 있다.

안방에는 앉았을 때 눈높이에 맞는 창문이 달려 있어 채광과 통풍이 되고 앞을 내다볼 수 있게 했다. 남해안 일대에서 찾아볼 수 있지만 다른 고장에서는 쉽사리 찾아보기 어려운 형태다. 마루는 작은방을 넓게 하기 위해 좁게 만들었으며, 처마를 길게 빼서 토담을 두른 공간을 꾸미고 안에 작은 아궁이를 만들었다. 이는 남부 지방의 오래된 초가에서 가끔 볼 수 있는 방식이다. 토담 안은 부엌도 되고 나뭇간도 되는 다목적 공간이다. 장독대는 부엌 앞쪽으로 담을 의지해 아담하게 꾸며 특색 있는 구조를 보여주고 있다.

주두열 가옥

주두열 가옥은 중요 민속자료 제96호로 지정되었으며 김대자 가옥의 바로 뒷집이다. 낙안성 동문과 서문을 잇는 큰 도로의 서쪽 큰길에서 북쪽으로 들어가는 골목길에 있다.

사립문을 들어서면 제법 넓은 마당이 있고, 마당 깊숙한 곳에 안채가 남향으로 자리 잡고 있다. 부엌 1칸, 방이 2칸, 방 앞에 툇마루가 있는 전형적인 초가삼간으로 큰방 뒤쪽에는 작은 벽장이 있다. 작은방 옆쪽으로는 ㄱ자형으로 꺾인 돌각 담을 쌓아 장독대, 헛간, 닭장 등으로 이용하고 있다.

막쌓기로 크고 납작한 돌을 외벌대로 쌓아 기단을 만들고 자연석을 주춧돌로 사용했다. 기둥은 원주이며 외벽은 작은 돌들을 섞어 풍우에 대비했다. 방문 왼쪽에 조그맣게 봉창을 두었고 모두 외여닫이에 띠살의 창과 문을 달았다. 툇마루 하나로 방 3개의 출입문이 연결되어 동선을 짧게 했고, 부엌 옆에 붙은 아랫방은 눈꼽재기 창을 두어

■
주두열 가옥은 전형적인 초가
삼간으로 부엌 1칸, 방 2칸,
방 앞에 툇마루가 있다.

밖의 동태를 파악하기 좋게 만들었다. 두꺼운 맞담을 쌓아 막았지만
뒤쪽까지 계속되지 않고 측면의 중앙쯤에서 끊어져 자연스럽게 뒷부
분이 개방된다.

　아래채는 나지막한 외벌대 기단 위에 툇마루 없이 방 앞에 다듬
이돌만 한 디딤돌을 놓은 서민적인 모습이다. 안채와 마찬가지로 토
석 담을 벽으로 둥글게 돌렸다. 문은 이분합 띠살문으로 덧문 없이 홑
문으로 되어 있다. 낙안읍성마을에는 이러한 집이 많이 있는데 형편
이 넉넉하지 못한 사람들이 주로 살았기 때문이다. 외양간이 보이지
않는데 소를 먹일 수 있을 만큼 여유가 없었기 때문으로 추정한다.

최창우 가옥

최창우 가옥은 중요 민속자료 제97호로 지정되었으며 크고 작은 점포가 많이 있는 낙안읍성의 동문 길가에 위치하고 있다. 현재는 동문 매표소로 이용되고 있다. 당대의 여러 점포들 중에서도 비교적 옛 모습을 많이 지니고 있으며 큰길가 쪽에 위치한 매표소 옆 대문에 들어서서 오른쪽으로 돌아가면 안채가 있다. 안채는 부엌, 방, 헛간 순으로 배열되었으며, ㄱ자형으로 꺾어서 다시 작은방을 두어 점포와 연결했다.

방쪽 벽에 붙어 있는 부엌 부뚜막에서 땐 불이 방고래*를 한 바퀴

* 방고래
방의 구들장 밑으로 나 있는, 불길과 연기가 통해 나가는 길.

최창우 가옥은 당대의 여러 점포들 중에서도 비교적 옛 모습을 많이 지니고 있다.

돌아 다시 부뚜막 쪽으로 나오면서 굴뚝으로 빠지게 되어 있다. 이것은 남쪽 지방에서 많이 볼 수 있는 예다. 이런 온돌이 있는 경우 저상식이라고 하는데, 아궁이가 방바닥보다 낮은 곳에 있어야 하기 때문이다. 반대 개념으로 고상식이 있는데 마루 집을 의미하며 난방이 크게 필요하지 않은 남방 건축에 도입된다.

부엌 앞쪽에 있는 장독대는 두텁고 낮게 쌓은 맞벽으로 감싸 안고 있다. 이런 예는 읍내의 여러 집에서 발견되는데, 어떤 집은 돌각담 일부를 화단처럼 만들어 장독을 놓기도 한다. 이처럼 남해안과 섬에서 장독대를 감싸는 것은 지역적 특성에 따른 것이다.

최선준 가옥

중요 민속자료 제98호인 최선준 가옥은 낙안읍성 남문 가운데로 뻗은 큰길에 접해 있는 첫 번째 초가집이다. 방물을 파는 소규모 좌판을 둔 상점 주택으로 활용했다. 이 집은 성벽을 이용해 뒤뜰을 조성하고 성벽 위에 장독대를 두기까지 했다.

담장을 쌓지 않고 비워둠으로써 대문 역할을 하고 있는 대문간을 들어서면 왼쪽에 낙안읍성 안에서 유일한 田자형 집이 자리 잡고 있다. 대지가 작아 더 이상 확장할 수 없는 고육지책의 일환으로 외벌대 기단 위에 자연석 주춧돌을 놓고 둥근 기둥을 세웠다. 방 2개, 점포, 부엌으로 구성되어 있으며 대문간의 첫 칸이 방이고 다음 칸이 부엌으로 양쪽 방에 불을 지필 수 있다.

방의 뒤쪽에는 점포로 사용되던 마루방이 있고 그 옆에 안방이 있다. 흙벽이지만 부엌의 옆 벽면은 돌로 쌓았다. 벽 윗부분에 물건을

최선준 가옥은 성벽을 이용해 뒤뜰을 조성하고 성벽 위에 장독대를 두었다.

올려놓을 수 있도록 긴 판자를 매어놓아 작은 집을 적극적으로 활용할 수 있는 공간을 마련했다. 곳간채는 토석 담으로 기둥 없이 두르고, 그 위에 도리와 서까래를 엮어 만든 지붕이다. 작은 공간을 최대한 효율적으로 활용하려는 아이디어가 돋보인다.

김소아 가옥

김소아 가옥은 중요 민속자료 제99호로 지정되었으며 낙안성의 서문이 있던 자리를 나가면서 오른쪽으로 도는 골목 안에 자리 잡고 있는 초가집이다.

대문을 들어서면 곧바로 마당이 있으며 동쪽 끝은 성벽을 활용해 따로 담을 쌓지 않았다. 마당 북쪽으로 ―자형 안채가 자리 잡고 있으

며 왼쪽부터 부엌, 안방, 안마루, 윗방 순서로 배열되어 있다. 부엌은
앞뒤로 넓히면서 큰 공간을 이루고 있다. 방 안 마루, 건넌방에는 앞쪽
으로 띠살 분합문이 달렸다. 방 문짝은 키가 낮은데 비해 안마루 문짝
은 키가 높다. 부뚜막은 안방쪽 벽에 설치되어 있고, 옆으로 널판 벽을
설치해 위에 벽장문을 달고 찬장처럼 사용했다.[6]

　　윗방 옆으로 헛간이 있는데 토담으로 쌓은 부분은 나중에 설치한
것으로 보인다. 대문 오른쪽으로는 돼지막, 헛간, 측간으로 구성된 헛
간채가 있다. 이 집은 마루가 높아 섬돌을 밟고 올라가도록 되어 있는
것이 특색이다. 또한 마당 한쪽에 성벽으로 오르는 계단을 만들어, 성
안에서 외적이 침입했을 경우 요긴한 비밀 통로 등으로 활용했음 직
하다.[7]

곽형두 가옥

중요 민속자료 제100호인 곽형두 가옥은 낙안읍성 남문의 서남쪽에 자리하고 있는 초가집이며 향리가 살았다고 한다. 앞쪽에 성벽이, 뒤쪽에 길이 있으며 대문으로 들어서면 정면에 안채가 자리하고 있다. 기단은 다듬돌 바른층으로 쌓은 세벌대*이고 초석은 막돌이며 기둥은 원주를 사용한 2고주 5량가로 비교적 굵은 부재를 사용했다. 평면은 一자형 4칸 반 전후좌우 툇집으로 부엌, 방, 창고방, 건넌방 순으로 배열되었다. 안방과 창고방 뒤쪽으로 난 툇간은 마루를 깔지 않은 흙바닥으로 곡식이나 물건 등의 보관 장소로 활용했으며 봉당 또는 토방이라고 한다. 전체적으로 짜임새를 갖추었으며 구조 기법 역시 양반 가옥 기와집의 형식을 따른다.

* 세벌대
장대석을 세 켜로 쌓아 만든 지반.

곽형두 가옥은 성 안에서 가장 단아하고 건실한 구조를 지녔다.

낙안읍성 동문 밖 소공원 안
에는 고인돌 5기가 원형 그대
로 옛 자리에 놓여 있다.

　　이런 구조는 태백산맥의 최남단 쪽에 집중적으로 분포하며 낙동
강을 끼고 남해안 쪽으로 퍼졌는데 보성강을 지나면서 눈에 띄지 않
는다. 그런데 어떤 연유에서인지 제주도에는 변형된 구조가 존재하기
도 한다. 규모를 볼 때 상당한 농산물을 수확했던 것으로 추정되며 성
안에서 가장 단아하고 건실한 구조를 지녀 당대에 향리들의 위세가
상당했음을 알 수 있다.[8]

　　낙안읍성에서는 다른 곳과는 달리 특이한 것을 발견할 수 있는데
선사 시대의 고인돌이다. 고인돌은 굄돌*과 무덤 방의 구조에 따라 북
방식과 남방식으로 나뉘다. 낙안읍성 주변과 이웃 송광·승주 지방의

* 굄돌
북방식 고인돌에서 덮개돌을
받치고 있는 넓적한 돌.

124

＊ 덮개돌

고인돌에서 굄돌이나 받침돌 위에 올려진 큰 돌. 북방식에서는 돌방의 천장을 이루며, 남방식에서는 아래 구조를 보호한다.

경우 땅 위에 커다란 덮개돌＊이 드러나 있는 개석식, 즉 남방식 고인돌이다. 낙안읍성 동문 밖, 즉 동문 매표소 건물 뒤에 있는 소공원 안에는 고인돌 5기가 원형 그대로 옛 자리에 놓여 있다. 예전에는 읍성 주변과 마을 여러 곳에 많은 고인돌이 산재해 있었으나, 논밭으로 개간되면서 일부 없어졌다고 한다. 순천대학교의 조사에 의하면 낙안면 내에 약 180~200기가 있는 것으로 알려지며 이곳은 적어도 2,000년 전부터 한민족의 생활 터전이었음을 알 수 있다.

낙안읍성의 각 문으로 들어가는 입구 양편에는 장승(벅수)과 솟대(짐대)가 세워져 있으며, 매년 정월이면 훼손된 장승을 새로 세우고 장승제를 지낸다. 예전엔 길 양편에 수많은 장승이 즐비하게 세워져 있어 이곳을 장승거리 또는 벅수거리라고 불렀다.

한국의 전통 마을이나 유적지 등을 방문할 때 외국인들이 가장 흥미 있어 하는 것은 장승이다. 장승은 'Devil Post' 또는 '천하대장군'이라는 이름으로 외국인들에게 소개되었다. 한국을 방문하는 외국인들은 한국을 소개하는 자료에서 대부분 장승을 보았기 때문에 장승을 잘 알고 있다고 해도 과언이 아니다. 그럼에도 장승을 직접 볼 때마다 새로운 느낌이 드는 모양이다.

하지만 조선 말기까지만 해도 외국인들은 마을 입구나 길가에서 흔히 만날 수 있었던 장승을 한국 문화의 낙후성을 보여주는 상징이라 여겼다. 특히 가난하고 무기력한 백성들이 어쩔 수 없이 매달린 미신적 우상 숭배의 대표적인 표상으로 인식했다. 외국인들의 관점에서 보면 이교도의 생활 풍습이었던 것이다.

이들은 장승이 신앙 대상물치고는 매우 초라한 모습임을 알고

"우습기보다는 마음 아프다"라고 표현했다. 한국에서 기독교를 토착화하기 위해 장승을 반드시 배제해야 할 민속 신앙으로 간주했다는 뜻이다.

일부 종교인들이 한 지방 자치 단체에서 장승 건립을 추진하자 이를 완강히 반대하며 설치물을 훼손했다는 기사도 있다. 그들이 장승 설치를 반대하는 이유는 종교적 배타성과 더불어 현대같이 과학 기술이 발달된 시대에 장승을 공인한다는 것은 말이 안 된다는 것이다. 여기에는 비단 종교인뿐만 아니라 일부 식자들이 합세하기도 한다.

장승이 낙후된 우리 문화의 상징물처럼 인식되는 이유는 외국인들의 시각이 한국인들에게 곧바로 접목되었기 때문이다. 1894년 이래 네 차례에 걸쳐 한국을 방문한 이사벨라 버드 비숍은 『한국과 그 이웃 나라들』에서 다음과 같이 적었다.

"마을의 외곽에는 반은 인간이고 반은 괴물 같은 얼굴이 새겨진 마을의 수호신(장승)과 함께 매우 긴 작대기(솟대)가 있다."

위의 설명만 보면 외국인들은 우리의 풍습과 민간 신앙에 대해 단순한 이해 수준에 머물고 있었음을 알 수 있다.

장승이나 솟대를 만들어 세우는 것은 마을 축제의 일환이다. 축제에는 공동체 의식의 확인과 강화, 마을 의회의 성격, 관습에 의한 사회 통제와 규범 확인, 노동 동기를 유발하는 경제적 생산성에 대한 소망 등이 함축되어 있다. 장승이나 솟대를 만들었다고 해서 이를 곧바로 샤머니즘이라고 단정할 수는 없는 것이다.[9]

한국의 많은 학자들이 장승이나 솟대, 풍수지리
나 제사, 사주팔자나 부적 등을 과학이라는 명칭 아래
다루는 것을 주저하지 않는다. 또한 인간이 상상으로
창조해낸 도깨비도 제외하지 않는다. 이들을 과학이
라는 범주에 넣을 수 있는 까닭은 인간의 믿음과 관계
되는 심리 치료제로써 훌륭한 역할을 하고 있기 때문
이다. 이 말은 우리의 많은 유산이 과학적인 속성을
갖고 있다는 것을 뜻한다.

나무로 만든 장승이나 솟대는 대체로 10년에서
20년마다 다시 세운다. 일반적으로 장승은 약 3,000년
전부터 만들었다고 추정하므로 그동안 150번에서
300번 정도 바뀌며 이어졌다는 것을 의미한다. 수천
년 동안 멈추지 않았다는 것은 그만큼 선조들이 장승
이나 솟대, 성황당에서 유·무형적으로 기대에 상응
하는 보답을 받았다는 뜻이다.

장승을 마을 입구에 세우는 이유는 장승이 마을
을 지켜줄 것이라고 믿었기 때문이다. 장승이 서 있는
곳은 장승배기라고 부르며 배기란 장소를 나타내는
접미사다. 대부분 길 양편에 세웠는데 오른쪽은 남장
승으로 천하 대장군이라 하고 왼쪽은 여장승으로 지
하 여장군이라고 한다. 대개 서낭당이나 선돌, 솟대 등
과 함께 세웠으며 돌무더기 위에 서 있는 경우도 있다.

솟대는 긴 장대 위에 기러기 또는 오리가 있는 형

낙안읍성의 각 문으로 들어가는 입구 양편에는 장승과 솟대가 세워져 있다.

태다. 기러기는 태양신의 사자로 죽은 영혼을 하늘로 인도한다고 믿은 데서, 오리는 물에 살며 알을 많이 낳으므로 화재 예방을 기원하고 물의 부족함 없이 해마다 풍년이 들기를 바라는 데서 유래했다. 솟대는 멀리서 잘 보여 이정표 역할도 했다.

낙안읍성에는 과거로부터 유명한 먹을거리가 내려온다. 팔진미라 하며 낙안 땅에서 나오는 여덟 가지의 재료로 만든 것이다. 남내리의 미나리, 서내리의 녹두묵, 진산인 금전산의 석이버섯, 좌청룡인 오봉산의 도라지, 우백호인 백이산의 고사리, 남동쪽 제석산의 더덕, 성북리의 무, 불재(금전산 동쪽 고개) 아래의 용추에서 잡히는 민물고기 등이다.

읍성을 자주 찾은 이순신 장군과 2년 간 군수로 있었던 임경업 장군도 즐겨 들었다고 하며 상차림은 계절에 따라 재료가 달라진다. 때때로 여덟 재료가 모두 들어가지 못하는 경우가 있는데 섭섭해 할 필요는 없다. 추가되는 반찬 개수가 여덟 가지를 넘기 때문이다.

낙안읍성은 외암마을처럼 입장료를 받는다. 연간 120만 명의 관광객이 방문하는 주요 관광지이므로 입장료 수입이 상당하다. 관람비 중 40퍼센트가 문화재관리비라는 명목으로 마을인들에게 돌아가며 학생들을 위한 교육비를 일부 보조하고 나머지는 환경정리비에 사용한다고 한다. 그러므로 전 마을인이 똘똘 뭉쳐 마을 지키기에 앞장서고 있으며 읍성 안에 있는 식당에도 당직이 있다. 낙안읍성은 24시간 개방하므로 한밤에 방문하는 사람들을 위한 배려다.

낙안읍성은 세계 문화유산 잠정 목록에 등재되어 있고 CNN 선정 대한민국 대표 관광지 16위로 선정된 바 있다. 매년 정월 대보름에는 임경업 비각에서 제를 올리고 널뛰기, 그네 타기, 성곽 돌기 등 민속 행사를 연다. 5월에는 낙안민속문화축제, 10월에는 남도음식축제가 열린다.

민속놀이 중 특이한 것은 군악이라 불리는 농악이다. 낙안 좌도 군악은 일반 농악과 달리 읍성을 지키는 군대 악이다. 군대의 출정에 앞서 총 12마당의 굿을 통해 승리를 기원하고 액막이를 바라는 의미에서 행한 것이다. 현재는 명사마을에서 맥을 이어가고 있다.[10]

감독들이 이런 마을을 그냥 둘 리 없다. 드라마 〈대장금〉, 〈허준〉을 비롯해 영화 〈아름다운 시절〉, 〈춘향전〉, 〈태백산맥〉, 〈취화선〉 등을 이곳에서 촬영했다.[11] 주변에는 조계산 도립공원, 선암사, 송광사, 동화사, 제석산, 주암호 등의 관광지가 있으며 보성군 벌교읍에 있는 홍교(보물 제304호)도 빼놓을 수 없다. ❋

왜 목조 건물에는 고층이 없을까

❋ 중국이 자랑하는 베이징의 쯔진청을 보면 규모도 거대하지만 높이도 한국의 건물보다는 높은 것을 알 수 있다. 하지만 유럽의 건물과 비교하면 낮다. 이유는 간단하다. 건물의 재료로 사용한 목재와 석재의 차이 때문이다.

물론 석조 건물이 목조 건물보다 높다고는 하지만 고층 건물 경쟁 시대로 들어간 현대 건축물에는 상대가 되지 않는다. 한국의 경우 31빌딩이 사람들을 사로잡더니 63빌딩이 생겼고 이어서 100층 건물도 등장한다. 앞으로 500층 정도의 건물도 등장할 전망이다.

나무나 돌만 갖고 이런 고층 건물을 짓는다는 것을 이해하지 못하는 사람은 없을 것이다. 하지만 왜 이 재료로 고층 건물을 짓지 못하는지에 대해서는 잘 모른다.

우선 목재의 성질을 보자. 목재는 섬유질에서 힘을 얻는다. 섬유질은 당분 분자들의 긴 사슬로 이루어져 있으며 분자들은 몸통에서 꼬리까지 맞대고 있는 서커스의 코끼리들처럼 단단하게 결합되어 있다. 나무줄기는 풀로 붙여 놓은 한 줌의 빨대 같다고 상상하면 된다.

이처럼 긴 섬유질로 이루어져 있는 목재는 건축에 이상적인 속성을 갖고 있다. 우선 유연한 것이 장점이다. 목재에 못을 박으면 섬유질은 구부러지면서 못을 받아들인다. 그러면서도 목재판은 크게 약해지지 않는다.

목재는 유연하고 반동력이 있어
건축에 이상적인 속성을 갖고 있다.

이런 유연성 때문에 목재는 측면에서 가해지는 힘에도 잘 버틴다. 나무가 강한 바람에 휘고 흔들리는 것을 보면 알 수 있다. 하지만 나무 속 원자들 사이의 힘이 작용해 나무는 다시 제자리로 돌아간다. 이런 반동력은 대단한 힘이다. 목재 빔이 알루미늄 같은 금속과 단위 무게당 강도가 같다는 것을 알면 놀랄 것이다.

주거용 건축물에서는 바닥을 지탱하기 위해 목재 빔을 자주 사용한다. 바닥에는 주로 무게가 아래로 걸리며 이는 빔의 나뭇결을 가로질러 작용한다. 무게가 작용하면 바닥의 빔도 바람에 흔들리는 나무처럼 약간 휘어졌다 원래 위치로 돌아간다.

일반적으로 '한 줌의 빨대'는 빨대들과 나란히 작용하는 힘보다 빨대들을 가로질러(나뭇결에 수직으로) 작용하는 힘에 쉽게 저항한다. 태권도 선수들이 시범에서 나무판자를 부수는 것이 가능한 이유다. 물론 태권도 선수들이 나뭇결에 따라, 즉 나무의 약한 방향을 따라 가격하기 때문이라는 것은 비밀 아닌 비밀이다.

문제는 나무로 할 수 있는 일에 한계가 있다는 것이다. 구조물을 3~4층 이상 올리면 위층의 무게가 아래층의 빔과 기둥이 지탱할 수 있는 한계를 넘어설 수 있다. 빨대 위에 오렌지 하나 정도는 올려놓을 수 있다. 그러나 빨대를 세로로 몇 개 연결해도 오렌지를 계속 올려놓는다는 것은 간단한 일이 아니다. 빨대가 휘기 때문이다. 당연한 일이지만 긴 목재 기둥도 너무 무거운 무게를 올리면 구부러진다.

이는 기둥 한 개의 경우가 아니라는 데 문제가 있다. 목재 안에서 하나의 빨대가 무게를 건디지 못하고 구부러지면 이웃한 빨대를 옆으로 민다. 그러면 그 빨대도 구부러진다. 이런 현상이 계속되면 기둥 전체가 무너져버린다.

목재가 오랜 기간에 걸쳐 휠 때도 이런 과정이 발생한다. 오래 사용한 책꽂이와 가로 판이 휘는 것을 본 적이 있을 것이다. 나무로 지은

낡은 집을 밤에 걸어 다녀보면 이런 과정이 진행되는 소리를 들을 수 있다.

석재의 경우를 보자. 목재로 고층 건물을 지을 수 없으므로 고대인들은 다른 재료에 주목했다. 나무보다 견고한 돌이다. 여기에서 돌은 자연적인 돌일 수도 있고 로마 시대에 발명되었다고 알려진 콘크리트처럼 인공적인 돌일 수도 있다. 벽돌은 인공적인 돌이지만 큰 틀에서 알갱이 구조는 자연석과 다름없다. 이를 통칭해서 '석조 재료'라 한다.

석재는 이집트의 피라미드에서 유럽 중세 시대의 고딕 양식 성당에 이르기까지 대부분의 거창한 건축물에 이용되었다.

석재가 얼마나 큰 무게를 견딜 수 있는지는 벽돌과 돌이 입방 피트당 54킬로그램 정도의 무게가 나간다는 것으로도 알 수 있다. 그런데 알갱이 구조를 부수려면 보통 표면의 평방 인치당 2,700킬로그램가량의 무게가 필요하다. 벽돌로 건축물을 만들 경우 2,400미터 정도로 높이 쌓았을 때 맨 아래 벽돌이 무게를 견디지 못하고 찌부러진다.

건축학자들은 앞으로 1,600미터보다 훨씬 높은 건물이 탄생할 것으로 추정한다. 이런 높이를 벽돌로 만들어도 무게는 걸림돌이 되지 않는다는 뜻이다. 석재가 건물 자체의 무게를 감당하지 못할까봐 걱정할 필요는 없다는 것이다.

그럼에도 벽돌로 2,400미터까지 올리는 것은 불가능하다. 석재

＊ 전단력(剪斷力)

물체 안의 어떤 면에 크기가 같고 방향이 서로 반대가 되도록 면을 따라 평행되게 작용하는 힘.

의 아킬레스건인 전단력＊ 때문이다. 벽돌을 완벽하게 수직으로만 쌓을 수 있다면 1,600미터 정도야 간단한 일이다. 그러나 실제로는 벽의 어딘가가 기울어 있기 마련이다. 바람이 불면 어딘가가 흔들린다.

이런 일이 생기면 벽의 무게는 집중되지 않으므로 뒤틀리면서 무너진다. 이렇게 측면으로 비트는 힘이 석재에 가장 불리하게 작용한다. 한 번 깨진 도자기 접시를 다시 붙일 수 없는 것과 마찬가지로 석재도 심하게 비틀리면 영원히 부서진다.

일반적으로 자신의 무게를 감당하는 석재 건물은 지면에서 10~12층 정도다. 그런데도 이집트에서 약 4,500여 년 전에 건설된 쿠프 대피라미드의 경우 140여 미터 높이에 40여 층이나 된다. 하지만 이 같은 피라미드 형태를 모든 건물에 적용할 수 있는 것은 아니다.

현대에 100층 이상 건물을 간단하게 건설할 수 있는 것은 목재와 석재를 대체할 수 있는 재료가 발명되었기 때문이다. 현대 건축의 총아라 볼 수 있는 콘크리트, 철근 콘크리트 및 철골 콘크리트 등이다. 이들은 얼마 전까지만 해도 선조들이 전혀 접해보지 못했던 재료로 전통 한옥에 사용되는 목조와 석조 재료와도 차원을 달리한다.[12] ❖

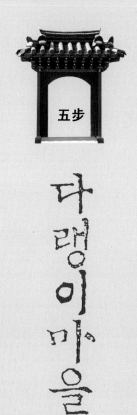

五步

다랭이마을

다랭이마을

+

경남 남해군 남면

낙안읍성을 떠나 다랭이마을로 가는 길은 전라남도가 자랑하는 바래길이다. 바래는 남해 사투리로 바다에 조개를 캐거나 해조류를 채취하러 가는 것을 '바래 간다'고 한 데서 유래한다. 마을 사람들이 생계를 위해 갯벌로 가던 길을 이어 만든 코스이며 남해에서 가장 아름다운 길로 자리매김했다.

끝없이 이어지는 환상적인 바래길을 한껏 음미하면서 달리다 보면 전라남도를 넘어 어느덧 우리나라 남단 끝에 있는 다랭이마을에 도착한다.

남해는 통영과 여수로 이어진 한려수도의 중심지다. 남해를 육지

다랭이마을은 손바닥만 한 논이 언덕 위에서부터 마을을 둘러싸고 바다까지 이어진다.

와 연결하는 남해대교를 지나 남쪽으로 가면 망망대해가 펼쳐지는데 벼랑에 걸려 있는 마을이 바로 다랭이마을이다. 이 마을의 유래를 알면 전화위복 또는 새옹지마가 이런 경우를 뜻하는 것이구나, 하는 생각을 하게 된다.

가천마을의 옛 이름은 간천間川이었으나 조선 중기에 이르러 갈대가 많은 냇가에 자리 잡고 있다 해서 가천加川으로 바뀌었다. '다랑이'를 사전에서 찾아보면 '산골짜기의 비탈진 곳 따위에 있는 계단식의 좁고 긴 논배미'라고 설명되어 있으며 지역에 따라 '다랭이' 또는 '달뱅이'라고 불린다.

다랭이마을은 손바닥만 한 논이 언덕 위에서부터 마을을 둘러싸고 바다까지 이어진다. 정확히 말하자면 45도 경사 비탈에 108개 층층 계단, 10제곱미터밖에 안 되는 작은 것부터 1,000제곱미터에 이르는 것까지 680여 개의 논이 펼쳐진다. 이곳에서는 길, 집, 논 등 모든 것이 산허리를 따라 구불거리며 바다를 바라보고 있어 곡선 위의 오선지 같은 아름다움을 연출한다.

다랭이마을이 생기게 된 경위는 간단하다. 선조들이 산기슭에 90도로 곧추 세운 석축으로 한 평이라도 더 논을 내서 쌀을 확보하려고 노력했기 때문이다. 작은 논에 대해서는 다음과 같은 일화가 있다.

"남해군 남면에 위치한 다랭이마을은 옛날 한 농부가 일을 하다가 논을 세어보니 논 한 배미가 모자라 아무리 찾아도 없기에 포기하고 집에 가려고 삿갓을 들었더니 그 밑에 한 배미가 있었다."

이처럼 작은 삿갓을 씌우면 보이지 않을 정도로 작은 논이라 해 삿갓배미, 삿갓다랑이 또는 죽이나 밥 한 그릇과 바꿀 정도로 작다 해서 죽배미나 밥배미로 불린다.

다랭이 논은 이곳에 살지 않으면 안 되었던 주민들의 눈물과 땀으로 만든 땅이다. 위정자나 지주들의 착취와 전쟁 등을 피해 오지 중의 오지로 이주한 가난한 농민들은 돌투성이의 가파른 비탈을 개간해 논으로 만들었다. 걷어낸 돌로 논둑을 쌓고 물이 쉬 빠져나가지 않도록 점토나 흙으로 마감했다. 모든 일이 사람 손으로 이루어졌으며 이들의 목표는 손바닥만 한 땅도 논으로 만든다는 것이었다.

수백 년 동안의 눈물겨운 노동으로 일구었으므로 계단식 논은 생태 가치가 높다. 토양 침식을 막고 물을 머금어 홍수를 줄이며, 산속에 습지를 조성해 생물 다양성을 높였다. 태풍이 종종 부는데도 유실된 논이 없었다는 것이 이를 증명한다. 그러므로 일부 전문가들은 민초들의 고단한 삶이 예술로 승화되어 계단식 논이 되었다고 극찬한다.[1] 현재에도 기계가 들어갈 수 없어 여전히 소와 쟁기로 농사를 지어야 하는 곳이 많지만 이런 열악한 환경이 오히려 천혜의 경관을 자랑하는 명소를 만들었다.

계단식 다랭이 논의 가장 큰 문제는 물을 어떻게 확보하느냐다. 천수답*이 기본이지만 필요할 때 물을 제대로 공급할 수 없는 문제 역시 선조들이 슬기롭게 해결했다. 마을 자체가 설흘산과 응봉산을 등에 업고 있으므로, 위에서부터 고루 물을 댈 수 있게 수로를 각 논으로 연결한 것이다. 이를 만들기 위한 고통도 만만치 않았을 것이다.[2]

다랭이마을 사람들이 어렵게 생활할 수밖에 없었던 또 다른 이유는 어촌인데도 남다른 환경을 갖고 있기 때문이다. 흔히 바닷가 마을이라고 하면 어업이 주를 이룰 것이라 생각한다. 그런데도 마을에는 포구가 없다. 이유는 마을 아래쪽 해변에 내려오면 금방 알 수 있다. 거친 파도와 많은 바위 때문에 조각배조차 정박할 공간이 없다. 더구나 태풍도 잦아 배의 쉼터가 되지 못해 남해에서 선착장이 없는 유일한 갯마을이다.

이런 기후는 마을의 지붕들이 나지막하다는 것으로도 알 수 있다. 매서운 바람에 번듯한 집들이 남아나지 못한다는 것을 마을 사람

✱ **천수답(天水畓)**
빗물에 의해서만 벼를 심어 재배할 수 있는 논.

■ 다랭이마을에서는 설흘산과 응봉산에서부터 고루 물을 댈 수 있게 수로를 각 논으로 연결했다.

다랭이마을 아래쪽 해변은 거
친 파도와 바위 때문에 조각
배조차 정박할 공간이 없다.

들이 모를 리 없기 때문이다.[3] 날씨가 좋을 때 마을 뒤 설흘산에 오르
면 남해도의 바다와 서포 김만중의 유배지였던 늑도가 수평선 위로
아득하게 보이지만, 어업을 할 수 없었던 마을 사람들은 고단하게 살
수밖에 없었다.

　　다랭이마을은 얼마 전만 해도 한국에서 가장 연 평균 소득이 낮
은 지역 중 하나였다. 현재 다랭이마을에는 58가구 150여 명의 주민
이 살고 있는데, 여자가 남자보다 약 1.5배 많을 정도로 생산력이 떨
어진다. 하지만 선조의 땀이 밴 한 뼘의 역사가 희망이 되어 2002년
환경부는 다랭이마을을 '자연생태보존우수마을'로 선정했고, 2005년

문화재청은 명승 제15호로 마을 전체를 포함한 다랭이 논을 지정했다. 농림수산식품부도 다랭이마을을 '색깔 있는 마을'로 선정했다. 이뿐이 아니다. CNN에서 운영하는 〈CNN GO〉는 '한국에서 가봐야 할 아름다운 50곳' 중 하나로 다랭이마을을 선정했는데 이유는 다음과 같다.

"남해군 서쪽 최남단에 있는 작고 잘 보존된 다랭이마을은 탁 트인 바다 뒤에 있는 가파른 산비탈에 셀 수 없이 많은, 아주 작은 계단식 논의 기이한 광경이 특징이다."

다랭이마을은 국내외를 통해 유명세를 톡톡히 치렀고 그 효과는 그야말로 놀랍다. 빈한한 바닷가 마을에 불과했던 곳이 2011년만 해도 30만 명이 찾아올 정도로 성황을 이루었고, 살기 어려운 척박한 땅이란 이름을 벗어던지면서 명승지로 자리 잡았다. 조상 대대로 가난을 면치 못하던 좁은 다랭이 논을 하나의 상품으로 바꾸는 데 성공한 것이다.

벼와 마늘로 겨우 생계를 유지하던 다랭이마을이 세상에 알려지기 시작한 것은 1999년으로 고작 10여 년밖에 되지 않는다. 이 마을 출신 김종철 씨가 면장으로 부임하면서 마을 뒤쪽의 설흘산 등산로를 개발하면서부터이기 때문이다. 등산객들이 산에 올라 환상적인 경관을 보면서 입소문이 조금씩 나기 시작했다. 단 5년 만에 다랭이마을이 한국에서 가장 유명한 장소로 탈바꿈한 것이다. 앞에서 설명한 전화위복과 새옹지마가 이런 경우를 뜻한다고 해도 과언이 아니다.

　다랭이마을 주민들이 이런 혜택에만 안주한 것은 아니다. 허물어
져 가던 집을 고쳐 펜션과 민박 시설로 탈바꿈하고 마을의 주변 볼거
리를 코스로 엮었으며 다랭이 만들기, 농사 체험 등 사계절 체험 프로
그램을 만들어 몰려드는 관광객을 맞는 것을 게을리하지 않았다. 골
목마다 친절한 간판이 세워졌으며, 나무 난간으로 이루어진 산책로도
편리하게 조성했다. 지붕에는 알록달록한 꽃과 유자, 마을을 큼지막
하게 그렸고, 담벼락은 마을의 일상을 묘사한 각종 벽화로 장식해 탐
방객들의 눈을 즐겁게 하고 있다.

　척박한 환경을 탓하며 좌절과 숙명론에 빠지는 대신 약점을 특색
과 장점으로 살리는 발상의 전환을 통해 '천형'의 땅에서 '천혜'의 땅

으로 변화한 것이다. 그렇다고 자연을 훼손하거나 망가뜨리지는 않았다. 깨끗한 환경을 유지하는 것이야말로 다랭이마을의 원천적인 경쟁력이자 매력이라는 것을 잘 알기 때문이었다.[4]

물론 다랭이마을은 다랭이 논으로 유명하지만 이제는 벼농사를 많이 짓지 않고 마늘 밭이 주를 이룬다. 다랭이 마을에서 마늘을 기르게 된 데는 이력이 있다. 남해에는 과거에 마늘 밭이 많았는데 어느 해 마늘을 심은 농가가 늘어나는 바람에 마늘 값이 폭락했다. 이때 마늘 밭에서 저마다 일정량의 마늘을 뽑아냈더니 마늘 값이 폭등해 오히려 소득이 좋았다고 한다. 남해의 마늘은 다른 지역보다 맵고 알이 굵어 질이 좋다는 평을 듣고 있다. 현재 많은 곳에서 마늘을 심는 까닭은 남해대교 등의 개통으로 뭍과 마을을 잇는 다리가 생겨나면서 유통이 편리해졌기 때문이다.[5]

현재에도 마을 사람들이 마늘 농사를 짓지만 대부분 민박으로 생계용 직종을 바꾼 지 오래되었다. 마을에서 민박을 치지 않는 집을 찾기 힘들 정도이지만 먼 옛날 농토 한 뼘이 아쉬워 산비탈을 깎아 만들었다는 계단식 논과 마을의 풍광은 여전하고, 남쪽 바다는 변함없이 새파랗다.[6]

삼천리 방방곡곡 마을마다 대개 남근이나 여근을 뜻하는 한두 개의 이름들이 있다. 이런 이름들은 고대 성기 숭배 신앙의 흔적이거나 기자* 신앙이 결합한 형태가 대부분이다. 풍수지리상 음기가 강한 곳에 남근석을 세워 음기와 양기의 조화를 이루게 만드는 경우도 있다. 이런 의미에서 무덤을 여근의 상징으로 인식하고, 묘 앞에 세우는 망

* 기자(祈子)
아들 낳기를 기원함. 또는 그런 풍속. 아들을 원하는 부인이 산천이나 신에게 빌거나 아들을 낳은 산모의 옷을 얻어 입는 일 등이다.

다랭이마을 미륵바위는 우리
나라의 성기 바위로는 가장
큰 것으로 추정된다.

주석은 남근을 상징한다고도 한다. 이 둘이 결합해 자손들이 번창하
고 복 받기를 소망하는 것이다.

　그런 면에서 다랭이마을은 우리나라의 성 신앙의 메카라고 불리
는 곳이다. 2005년 명승으로 지정되기 전부터 민속학자들에게는 매
우 유명했다. 현지에서는 미륵바위로 통하고 공식적으로는 '가천암수
바위(경상남도 민속자료 제13호)'라고 불리는 대형 성기 바위가 있기 때문
이다.

　이는 우리나라의 성기 바위로는 가장 큰 것으로 추정되며 숫바위
는 높이 5.8미터, 둘레 약 1.5미터로 발기한 남자 성기 모양이고, 암바
위는 높이 3.9미터, 둘레 약 2.5미터로 잉태해 배가 부른 여인이 비스
듬히 누워 있는 모양이다. 바다를 등지고 마을을 향해 비스듬하게 짝

다랭이마을은 손바닥만 한 논이 언덕 위에서부터 마을을 둘러싸고 바다까지 이어진다.
정확히 말하자면 45도 경사 비탈에 108개 층층 계단, 10제곱미터밖에 안 되는 작은 것부터
1,000제곱미터에 이르는 것까지 680여 개의 논이 펼쳐진다.

을 이룬 형상으로 자연석 화강암이지만 숫바위는 인공을 가한 것으로 착각할 정도로 귀두와 힘줄이 사실적이다. 안내문에는 영조 27년(1751) 땅속에 묻힌 바위들을 캐냈다고 한다. 남해 현령 조광진의 꿈에 한 노인이 나타났다.

"내가 묻혀 있는 곳에 사람과 짐승의 통행이 잦아 일신이 불편해 견디기 어려우니 나를 일으켜주면 필시 좋은 일이 있을 것이다."

조광진이 아전을 데리고 가천에 가보니 꿈에 본 것과 똑같은 지세가 있어 땅을 파자 숫바위와 암바위가 나왔다. 조광진은 암바위는 누운 그대로 두고 숫바위는 일으켜 세웠다. 또한 바위 이름을 미륵이라 하고 다섯 마지기 논을 제답으로 바쳐 해마다 미륵이 발견된 음력 10월 23일 마을의 안녕을 비는 제사를 올리게 했다.

부정 없는 동민 중에서 제주와 집사를 선정해 제를 올리는데, 미륵에 대한 제사이므로 어육과 술을 일체 쓰지 않고 과일, 떡, 나물 등을 큰 그릇에 담는다. 제의의 목적은 마을의 무사태평과 풍농풍어의 기원이다. 미륵불의 영험함이 소문을 타고 퍼져나가자 마을 사람뿐 아니라 남해, 사천, 통영 등지의 사람들도 참여해 미륵계를 만들어 제를 주관했다.

어부들은 처음 잡은 고기를 이 바위 앞에 놓고 빌면 고기가 많이 잡히며, 해난 사고를 당하지 않는다고 생각했다. 제의를 행할 때 계원의 이름을 부르면 이들의 집안이 무사하고 소원을 성취한다고 알려진다. 제를 마치면 제물을 사방에 조금 흩뜨리고 땅에 파묻은 뒤 나머지는 가지고 와서 다음 날 동민들과 음복을 한다.

　다랭이마을의 제의는 민속을 연구하는 학자들에게는 보고나 마찬가지다. 풍요와 다산을 빌던 민간의 성기 신앙에 불교가 융합되어 민중 구제의 미래불인 미륵으로 신격이 격상되면서, 종교적 기능이 확대되고 신체神體의 신성성이 유지되었기 때문이다. 즉, 남해 현령이 바위를 땅에서 파내 미륵불로 봉안했다는 전설을 통해, 관의 권위를 빌려 신앙에 품위를 부여한 것이다. 바위 한 쌍의 신격이 성기 숭배 대상물에서 미륵불로 변했지만, 불교 신으로서의 변모가 아니라 본래 지닌 풍요 다산의 기능을 유지하면서 마을 수호, 기복, 치병, 소원 성취, 태평 무사 등으로 기능이 확대되어 성 숭배 신앙의 추이를 엿볼 수 있는 귀중한 자료로 평가한다.

　사람들은 암수바위를 손가락질하거나, 욕심을 부려 바위 가까이에 작물을 심으면 화를 입는다고 생각했다. 상여도 반드시 바위 아래로 지나가야 변고가 생기지 않는다고 믿었다. 심지어 새가 암수바위에 앉으면 죽을 정도로 영험이 있었다는 말도 있다.

　미륵바위가 영험하다는 소문이 나자 타 지역 사람들도 찾아와 촛불을 밝히고 치병, 소원 성취 등을 기원했다. 아들을 못 낳은 여자들은 소문을 듣고 무당을 데리고 와서 푸닥거리를 하기도 한다고 한다.

　다랭이마을에는 또 다른 특별한 민속자료가 있는데 바로 밥무덤이다. 밥무덤은 마을의 중앙과 동·서쪽 3군데에 있다. 중앙에 있는 것은 삼층탑 모양의 조형물로 밑변 180센티미터, 높이 162센티미터나 된다. 동쪽 언덕과 서쪽 언덕에 있는 것은 돌을 쌓아 감실*처럼 만든 것이다.

＊ 감실(龕室)
사당 안에 신주를 모셔 두는 장(欌).

다랭이마을에서는 쌀에 대한 애착이 신앙으로 변모한 밥무 덤을 만나볼 수 있다.

밥무덤은 굴뚝처럼 생겼으며 제사를 지낼 때 밥을 정갈한 한지에 서너 겹으로 싸서 정성껏 묻고, 흙으로 덮은 다음 그 위에 반반한 덮개돌을 덮어두는 것이다. 제물로 넣은 밥을 쥐, 고양이, 개 등의 짐승이 해치면 불길한 일이 생기거나 신에게 바친 밥의 효력이 없어진다고 믿기 때문이다. 음력 10월 15일 주민들이 모여 마을 중앙에 있는 밥무덤에서 풍작과 풍어를 기원하고 마을의 안녕과 태평을 축원하는 동제를 지낸다.

그러나 밥무덤의 또 다른 목적은 먼 거리 항해 등에 나갔다가 목숨을 잃어 제삿밥을 얻어먹지 못하는 혼령들을 위해 밥을 묻어둔다는 의미도 있다. 밥무덤에 제사를 지낸 일주일 후 음력 10월 23일 밤 12시경 남근바위로 가서 미륵제를 올린다. 그러므로 밥무덤의 동제는 남근바위의 미륵제를 지내기 위한 식전 행사라고도 볼 수 있다.[7]

남해안 일부 지역에서 유독 밥무덤 제사를 지내는 까닭은 상대적으로 경작할 논이 적어 쌀이 귀한 지역이므로 쌀에 대한 애착과 귀하게 여기는 마음이 신앙으로 변모해 오늘날까지 전승되고 있기 때문이다. 귀한 제물인 밥을 땅속에 넣는 것은 마을을 지켜주는 모든 신을 위한 것이기도 하지만 풍요를 점지해 주는 땅의 신, 즉 지모신에게 밥을 드림으로써 몇십 배 또는 몇백 배의 풍요를 되돌려 받고자 하는 간절한 염원의 표출이라고 풀이한다.[8]

■
죽방렴은 참나무와 대나무를
발처럼 엮어 고기가 안으로
들어오면 가두었다가 건지는
재래식 어항이다.

　　우리나라 도처에 동제 또는 당산제를 지내는 곳은 많지만 밥무덤
제사를 지내거나 밥을 묻는 제의를 행하는 곳은 많지 않다. 예부터 이
런 제의가 전승되고 있는 곳으로는 남해군 본섬과 창선도, 남해군과
사천시 사이 해협에 있는 신수도, 초양도, 마도, 늑도와 사천시의 사남
면 화전리, 용현면 용치리, 곤양면 환덕리 등이다. 마을 행사인 암수바
위 미륵제와 밥무덤 동신제는 문화재청이 지정하는 자연 유산 민속
행사로 지정되었다.

　　인근에는 남해대교, 창선삼천포대교, 사촌해수욕장, 상주해수욕

장 등이 있다. 금산(681미터)은 삼남 제일의 명산으로 불리며 한려해상 국립공원의 유일한 산악 공원이다. 또한 금산 정상 부근에 있는 보리 암은 강화도 보문사, 낙산사 홍련암과 더불어 우리나라 3대 기도처 중 하나다.

창선교 옆 지족해안에는 2010년 명승으로 지정된 죽방렴이 있 다. 죽방렴이란 참나무와 대나무를 발처럼 엮어 고기를 잡는다는 의 미에서 비롯되었고, 물때를 이용해 고기가 안으로 들어오면 가두었다 가 필요한 만큼 건지는 재래식 어항이다. 한국 특유의 고기 잡는 법이 놀랍기 그지없다.

충무공의 마지막 해전인 노량해전이 열린 관음포, 충무공이 전사 한 후 유해가 제일 먼저 육지에 안치된 이락사, 임진왜란 때 사명당의 뜻을 받은 승병들이 용감하게 싸운 용문사도 인근에 있다. 용문사에서 는 숙종이 호국 사찰을 표시하기 위해 내린 수국사 금패를 볼 수 있다. 서포 김만중이 유배되었던 노도는 벽련항에서 배가 출발한다.[9] ❖

六步

남사마을

남사마을

✚

경남 산청군 단성면

　　다랭이마을과 남해의 아름다운 도로를 다시 한 번 음미하면서 또 다른 역사와 전통을 갖고 있는 남사마을로 향한다. 한국의 땅덩이가 좁은 데다 산악 지대가 많아 오지가 많다는 것은 잘 알려진 사실이다. 그중에서도 경남 산청은 과거에 그야말로 오지 중의 오지였다. 이런 곳에 남다른 전통 마을이 있다는 것은 하등 이상한 일이 아니다.

　　우리나라에서 가장 넓은 면적을 자랑하는 지리산 깊은 곳에 위치하면서 18~20세기 전통 한옥 40여 호에 85채의 전통 한옥이 있는 남사마을이 그런 명성에 알맞은 곳이다. 농가 105호, 비농가 30호, 주민 숫자가 340명이나 되어 전통 마을 기준으로 볼 때 작지 않지만 많은

남사마을은 마을 전체가 살아 있는 한국 전통 역사 박물관 이라고 평가된다(이호선 그림, 박찬종 사무장 제공).

가옥이 남부 지방 양반 가옥의 모습을 잘 보여주고 있어 마을 전체가 살아 있는 한국 전통 역사 박물관이라고 평가되기도 한다. 경북의 대표적인 한옥 마을이 하회마을이라면 경남에는 남사마을이 있다고 할 정도다.

특이한 것은 이곳이 다른 마을처럼 특정 성씨의 집성촌이 아니라는 점이다. 남사마을에 가장 먼저 정착한 성씨는 고려 말 진양 하씨(약 700년)로 알려져 있다. 성주 이씨(약 450년)는 하씨가 정착한 지 약 100년 후 단종 복위 모의 사건으로 성삼문의 이모부인 이숙순이 이곳에 정착한 것이 계기다. 밀양 박씨(약 350년)는 병자호란 당시 외가에 피난 해온 박승희, 박승필 등이 정착해 계속 살았다고 한다. 이 외에도 전주 최씨(약 100년), 연일 정씨(약 80년), 재령 이씨를 포함해 여러 성이 있었 지만 현재는 30여 개에 가까운 다성이 있어 씨족 마을이라는 개념은 거의 사라진 감이 있다.[1]

많은 성씨가 수백 년간 마을 전통을 이어올 수 있었던 것은 여러 양반 가문의 반가를 유지할 수 있는 경제력이 뒷받침되었기 때문이 다. 또한 고려 말 하즙(1303~1380)과 하윤원(1322~1376) 부자, 그의 외손 통정공 강회백(1357~1402), 강회중(?~1441), 영의정을 지낸 하연 (1376~1453) 등이 이곳에서 태어난 것은 물론, 많은 가문의 선비가 과 거에 급제해 명성을 유지한 것도 큰 요인이다. 구한말 애국지사인 곽 종석(1846~1919), 국악 운동의 선구자인 기산 박헌봉(1906~1977) 등도 이곳 출신이다. 결속력이 남다른 씨족 마을이 근본인 조선 시대에 많 은 성씨가 한 마을을 이루면서 함께 동고동락할 수 있었던 이유는 마 을 자체에 특이한 내력이 있기 때문이다.

마을에는 지정 문화재도 많이 있는데 우선 남사옛마을담장이 등 록 문화재 제281호로 지정되어 마을 전체의 명성을 높여준다. 최씨 고가(문화재 자료 제117호), 이씨고가(문화재 자료 제118호), 면우 곽종석 유 적(문화재 자료 제196호), 이사재(문화재 자료 제328호), 사양정사(문화재 자료 제453호), 배산서원(문화재 자료 제51호) 등도 등록되어 있다.

남사마을은 마을 북쪽의 실개천을 경계로 상사마을과 인접해 있 다. 과거에는 행정 구역상 개울을 경계로 남사는 진주, 상사는 단성에 속했는데 한때는 마을이 합쳐져 사월마을로 불리기도 했다. 산청군으

남사마을에서는 흙 돌담과 돌
담이 공존하는 아름다움을 느
낄 수 있다.

로 통합되면서 남사마을과 상사마을로 분리되었지만 두 마을을 사월
또는 남사라고 함께 지칭하는 경우도 있다. 동제를 지낼 때는 두 마을
사람들이 함께 참여하기도 하지만 이곳에서 다루는 전통 마을은 엄밀
하게 남사마을을 뜻한다.

　　한국의 근·현대사를 되돌아볼 때 남사마을이 현재 같은 모습을
간직하고 있다는 것은 그야말로 놀라운 일이다. 남사마을은 광복 직
후 혼란기에 좌우 대립이 극심해 큰 혼란이 일어났고, 6·25전쟁 때
연합군의 대규모 폭격으로 상당 부분이 파괴되기도 했다. 특히 마을
중앙에 있던 99칸의 최씨 대갓집은 완전히 파손되어 공터만 남아 있

을 정도다.

그럼에도 남사마을이 2003년 '전통 테마 마을'로 지정된 까닭은 마을의 역사가 오래된 것은 물론 흙 돌담과 돌담이 공존하는 아름다움이 과거로부터 이어져 내려왔기 때문이다. 담은 마을 사람들의 위계에 따라 달라진다. 반가 집은 말을 타고 가도 보이지 않을 2미터 정도의 높은 담장을 만들었고, 서민들이 거주하는 민가는 돌담을 주로 사용했다. 총 길이는 5.7킬로미터에 이르는데, 이 중 3.2킬로미터가 대한민국 등록 문화재 281호로 지정되어 있다. '예담촌'이라는 이름도 '옛 담 마을'이라는 뜻을 담고 있다.

반가 건축물 주위에 있는 토담은 길이 50~60센티미터 정도의 큰 막돌을 2~3층 메쌓기 한 뒤 위에 황토를 편 다음 막돌을 일정한 간격으로 벌리고 사이에 황토를 채워넣어 만들었다. 상부는 전통 한식 기와 또는 평기와를 사용했다. 재료는 남사천에서 쉽게 얻을 수 있는 강돌을 사용했다. 사양정사와 최씨고가 골목 등은 누구나 걸어보고 싶은 골목길로 추천된다.[2]

남사마을의 기본은 지리산이다. 지리산은 '어리석은 사람愚者이 머물면 지혜로운 사람智者으로 변한다'고 해서 '지리산智異山'이라 불린다고 알려져 있다. 지리산 국립공원은 1967년 우리나라 최초의 국립공원으로 지정되었으며 국내 국립공원 중 최대 규모를 자랑하고 있다. 남한에서 두 번째로 높은 봉우리인 천왕봉(1,915.4미터)의 위세에 알맞게 주변에 화엄사 같은 대사찰을 비롯한 수많은 문화재를 보유해 한국 남부의 문화권을 실질적으로 관할한다고 해도 과언이 아니다.

이런 명산인 지리산 천왕봉에서 흘러나온 봉우리 니구산을 배경

남사마을의 간판스타인 하씨
고가 감나무(왼쪽)와 하씨고가
매화나무(오른쪽).

으로 한 마을이 과거에 여사촌으로 불린 남사마을이다. 풍수적으로
해석할 때 니구산이 암룡의 머리이고 당산이 숫룡의 머리로 서로 머
리와 꼬리를 무는 쌍룡교구 형상을 하고 있으며, 아래를 휘감아 흐르
는 사수천이 조화를 이루면서 넓은 들과 울창한 숲이 주위를 둘러친
천혜의 입지에 있다.

　　남사마을의 특이한 점은 마을 생김새가 반달 모양이므로 '달이
차면 기운다' 는 말처럼 반월을 메우면 안 된다고 믿어 중심부에 집을
들이지 않았다는 점이다. 마을로 들어가는 길에 있는 주차장이 중앙
부분이다.

　남사마을에서는 남다른 멋이 느껴진다. 마을의 간판스타라고 볼 수 있는 세 가지 고목 때문이다. 우선 한국에서 가장 오래된 감나무는 수령이 약 600년이나 된다. 전형적인 반시(납작감)로 산청 곶감의 원종이기도 하며 현재에도 감이 열린다. 하씨고가 안에 있는데 세종 때 영의정을 지낸 하연이 7세 때 심었다고 한다.

　두 번째는 약 700년 된 매화나무다. 역시 하씨고가에 있고 고려 말의 문신 원정공 하즙(하연의 증조할아버지)이 심어 '원정매'라고 부른다. 이 마을에는 관직에서 물러나 낙향한 고관들이 심은 매화나무가 많이 있는데, 그중에서 원정매가 가장 기품 있는 나무로 알려져 있다. 아쉽게도 원래 고목은 고사해 시멘트로 원형을 만들었지만 주위로 새로이 가지가 내려 보는 사람들을 즐겁게 한다. 곁 마당에는 후대에 심은 것이지만 제법 가지가 실하며 2세목으로 추정되는 홍매가 그득하다. 비석에 적혀 있는 영매 시는 다음과 같다.

"집 앞에 일찍 심은 한 그루 매화
설달 찬 겨울에도 아리따운 꽃망울 나를 위해 피었네.
밝은 창에 글 읽으며 향 피우고 앉았으니
한 점 티끌도 오는 것이 없더라."

　세 번째는 300년 된 회화나무다. 마을 초입 이상택 고가로 들어가는 입구에 있으며 X자형으로 몸을 포갠 것이 인상적이다. 나무 아래를 통과하면 부부가 백년해로한다는 이야기가 전해지며 남사마을의 상징으로 알려져 있다. 서로 엇갈려 자라고 있는 회화나무에 감탄하지

이상택 고가 입구에 있는 회화나무.
X자형으로 몸을 포갠 것이 인상적이며
남사마을의 상징으로 알려져 있다.

않는 사람이 없다고 해도 과언이 아니다.

회화나무는 우리 조상이 최고의 길상목으로 꼽은 나무이며 연원은 중국의 주나라 때부터다. 주나라 때 '삼괴구극'이라 해 조정에 회화나무 세 그루를 심고 그 아래에서 서로 마주보고 앉아 정사를 돌보았다고 한다. 한국도 이를 따라 삼정승에 해당하는 삼공*이 회화나무를 마주 보며 앉았고, 좌우에 각각 아홉 그루의 가시나무를 심어 조정의 대신들이 앉기도 했다. 이와 같이 회화나무를 우대한 이유는 회화나무에는 귀신이 접근하지 못하고 좋은 기운이 모여든다고 알려졌기 때문이다.

조선에서는 회화나무를 매우 신성하게 여겨 아무 곳에나 함부로 심지 못하게 했다. 즉 선비의 집이나 서원, 궁궐에만 심을 수 있었다. 또한 특별히 공이 많은 학자나 관리에게 왕이 상으로 내리기도 했다. 특히 집안에 급제자가 생기거나 벼슬을 하면 집 주위에 회화나무를 심었다. 따라서 회화나무가 많다는 것은 그만큼 과거 급제자가 많았고 벼슬아치들이 많이 살았다는 반증이다.[3]

이씨고가

대문을 들어서면 바로 사랑 마당이며 또 한 그루의 거대한 회화나무가 방문객을 반긴다. 마을에서 가장 키가 크며 수령이 약 450년이라 삼신할머니라고 불리기도 한다. 몸통에 난 배꼽 모양 구멍과 뿌리 위로 돋아난 돌기가 음양의 상징처럼 부각되어 보인다. 그래서인지 많은 사람이 배꼽에 손을 넣고 소원을 빈다고 한다. 대문은 북쪽을 향해 조금 낮게 만들었는데, 왕이 있는 방향으로 머리를 숙여서 충성

* 삼공(三公)
고려 시대에 태위(太尉)·사도(司徒)·사공(司空)의 세 벼슬을 이르던 말. 삼사와 함께 임금의 고문 구실을 하는 국가 최고의 명예직으로 초기에 두었다가 공민왕 때 없앴다.

심을 다지기 위한 것이다.

　회화나무를 통과해 나지막한 돌담 끝에 있는 대문을 지나면 건축
된 지 약 200여 년 된 안채와 사랑채, 익랑채, 곳간채가 안채를 중심으
로 ㅁ자형으로 배치된 가운데 왼편으로 사당이 있다.

　사랑 마당의 북쪽으로 정면 4칸, 측면 2칸 반의 팔작지붕 사랑채
가 동남향으로 자리 잡고 있다. 계자 난간 모양의 사랑채는 안채와 앞
뒤로 나란한 병렬 배치이고, 사당은 곳간채 뒤쪽이지만 안채 왼쪽 전
면에 있으며 시각적으로 막혀 있는 특이한 배치를 보인다.

　안채는 전형적인 남부 일자형 구조로 정면 6칸, 측면 3칸 규모의
집이다. 앞뒤로 툇마루가 있고, 건넌방 툇마루를 대청보다 20센티미
터가량 올리고 밑에 아궁이를 설치했다. 일반적인 사대부 주택에서는

■
이씨고가의 대문은 북쪽을 향
해 조금 낮게 만들었는데, 왕
이 있는 방향으로 머리를 숙
여서 충성심을 다지기 위한
것이다.

이씨 고가의 익랑채(왼쪽)와
안채(오른쪽).

부엌이 사당 방향과 반대편에 있지만 이 집에서는 부엌이 사당과 같은 동쪽에 자리하고 있다. 안채는 전형적인 한옥인 반면 사랑채는 과장된 규모와 장식이 눈에 띄는데 20세기 초반에 건설되어 다소 위세감을 보이려고 의도했기 때문이다.[6] 사랑채와 안채가 건설된 연대가 거의 200여 년가량 차이 나므로 세월에 따른 한옥의 구조적, 조형적 차이를 비교해볼 수 있다.

익랑채는 초가 지붕으로 정면 4칸, 측면 1칸 반 크기에 동향이며 남쪽에 부엌과 방, 대청 등을 배치하고 앞면에는 개방된 툇마루를 만들었다. 곳간채 뒤에 사당이 있는데 맞배지붕이며 붉은 옻칠을 한 4개의 위패(아버지, 조부, 증조부, 고조부)를 왼쪽에서 오른쪽으로 나란히 모셨다. 같은 ㅁ자형 집인데도 중부 지방과는 달리 남부 지역은 덥고 습하므로 공기의 흐름을 원활히 하기 위해 건물 사이에 공간을 두어 독채로 지은 것이 특징이다. 명당 중의 명당에 위치한 탓인지 6·25전쟁 당시 미군의 폭격으로 마을이 불바다가 되었을 때도 이씨고가는 멀쩡했다고 한다.

남사마을에서 일가를 이루었던 성주 이씨 가문에는 대대로 전해 내려오는 보물 제1294호이자 가보가 있다. 조선 개국 때 태조가 공을 세운 정무공 이제에게 내린 「이제개국공신교서」다. 이제는 이성계의 셋째 딸 경순공주의 남편이자 정몽주 격살에 참여한 개국 일등공신으로 책록, 흥안군에 봉해졌으며 의흥친군위절제사가 되었다. 이제의 아버지 이조년(1269~1343)은 한국인이라면 거의 외우고 있을 「다정가」의 작가다.

"이화에 월백하고 은한이 삼경인데
일지춘심을 자규야 알랴마는
다정도 병인 양 잠 못 들어 하노라."

최씨고가

경상남도 문화재자료 제117호로 지정된 최씨고가는 1920년에 지어졌으며 3겹으로 된 사랑채 지붕이 유명하다. 부농이었던 주인의 상황을 말해주듯 집안 위세를 과시하는 화려한 모양새를 강조한다. 전통적인 남부 지방의 사대부 한옥임에도 곳곳에 일제 강점기에 물밀듯이 들어온 실용적인 구조를 도입해 한옥 특유의 안정적이고 소박한 멋은 없지만 당대의 반가를 보여주는 좋은 자료다.

최씨고가는 부농이었던 주인의 상황을 말해주듯 화려한 모양새를 강조한다.

안채를 중심으로 사랑채, 익랑채가 ㅁ자형으로 배치되어 있으며 사랑채 좌우에 중문이 두 곳 설치되어 있다. 사랑채는 정면 5칸, 측면 2칸에 앞뒤 툇간이 있으며 안채와 마찬가지로 5량가로 조성된 팔작지붕이며 겹집 형식이다. 동쪽 중문을 통과하면 안채가 눈에 들어오지만 서쪽 중문을 지날 경우 ㄱ자형 담으로 차단되어 안채와 익랑채가 보이지 않는다. 익랑채는 정면 4칸, 측면 2칸의 우진각 지붕으로 이같은 차단은 전형적인 유교 사상에 따라 남녀의 생활공간을 분명히 하려는 의도다.

안채는 정면 6칸, 측면 3칸 규모로 앞뒤에 툇간이 있고 5량가로 조성된 팔작지붕이다. 안채에는 쇠 방울 하나가 매달려 있는데 사랑채와 연락하는 용도다. 방울이 울릴 때마다 사랑채로 필요한 주안상들을 준비해달라는 신호를 보냈던 것이다.

　　최씨고가의 뒷간은 여느 변소와는 달리 2층으로 되어 있어 계단
을 올라가야 한다. 『임원경제지』의 "뒷간은 위생적이고도 효과적인
인분 활용을 위해 올려 만드는 것이 좋다"라는 언급을 따른 것이다.
변이 아래에 있는 흙 상자에 담기면 재를 덮어 냄새를 줄이고 발효를
촉진해 비료로 사용했다. 또한 뒷간 남쪽으로 홈을 내 오줌이 자연스
레 흘러나와 고이도록 둥근 구덩이를 파 놓았다. 당대 최고의 비료를
효율적으로 활용하려는 아이디어다.

　　물론 2층 화장실이 최씨고가에만 있지는 않다. 이상택 고가에도
2층 화장실이 있다. 흥미로운 점은 이상택 고가에는 화장실 문이 있고
최씨 고가에는 화장실 문이 없다는 점이다. 일반적으로 화장실은 남
녀 유별해서 여자용은 안채 인근에 있고 남자
용은 건물 밖에 있다. 최씨고가의 경우 남자용
화장실이 두 개로 하나는 주인 가족 전용이다.

　　이 집에서 특이한 것은 안채 뒤편에 마련
된 장독대에 작은 문이 나 있다는 점이다. 일반
적으로 여자들은 가장 깊숙하고 폐쇄적인 공
간에 살았는데 이 집은 대문을 통하지 않고 여
자들이 밖으로 나갈 수 있는 문을 만들었다. 소
위 비상문으로 조선 시대에서는 그야말로 특
별한 예다. 엄밀한 의미에서 여자들의 자유로
운 외출을 인정했다는 뜻이다.

　　이 집에서는 여러 가지 아이디어가 선보
이고 있다. 처마 밑의 선반 같은 구조가 특이한

최씨고가의 대문 빗장은 왼쪽
목을 당겨야 열 수 있는 거북
모양이다.

데 천연 냉장고 역할을 하던 곳이다. 현대의 냉장고처럼 기능이 뛰어나다고 할 수는 없지만 다른 곳보다 시원하다는 점을 이용한 슬기가 엿보인다. 또한 대문 빗장이 남다르게 거북 모양이다. 왼쪽 목을 당겨야 대문을 열 수 있는 것으로 무병장수를 기원하는 주인의 마음이 미소를 짓게 한다.

사양정사

연일 정씨의 사랑채이자 위패를 모신 재실인 사양정사도 만만치 않은 고가다. 사양정사는 사수천의 남쪽이라는 뜻을 담고 있다. 사수泗水란 공자의 고향인 중국 산둥성 취푸에 있는 강 이름으로, 공자를 흠모하는 뜻에서 남사마을 뒤를 감싸고 있는 개울을 사수라고 불렀다. 연일 정씨는 조선 시대 사육신 사건의 주역인 정몽주의 후손이지만, 남사마을에서의 토대는 구한말 유학자인 계제 정제용(1865~1907)의 아들 정덕영과 장손 정정화가 남사마을로 이전한 후부터 쌓였다고 해도 과언이 아니다. 그들은 선친을 추모하기 위해 1920년대에 거대한 집을 마련했는데 이것이 사양정사다. 어느 곳보다 돌담장과 감나무가 잘 어우러진 골목을 돌면 보이는 사랑채가 그야말로 당당하다.

정면 7칸, 측면 2칸의 홑처마 팔작지붕으로 보통 건물의 2~3배나 되어 단일 건물로는 매우 크다. 궁궐의 회랑처럼 길고 우람하며 천장이 높고 부재가 건실할 뿐 아니라 다락과 벽장 등 수납공간을 풍부하게 설치했다. 당시로서는 새로운 건축 재료인 유리를 사용해 근대 한옥의 변화된 면모를 보여주고 있으며 내부에는 이중 다락이 있다. 기둥은 과거 민가에서 사용할 수 없는 원형인데 20세기 초반이라는 시

정몽주의 후손인 연일 정씨가
선친을 추모하기 위해 마련한
사양정사.

대적 여건 덕분에 건축이 가능했음은 물론이다. 마당 건너 선명당이
눈에 들어오는데 이곳에서 제사를 지냈으므로 대청은 엄숙한 느낌이
곳곳에 배어 있도록 계획했다.

　　정씨고가는 대문을 모두 솟을대문으로 만들었다는 것도 이채롭
다. 솟을대문은 집의 위세를 보여주는 증표인데 정면뿐 아니라 후면
도 그렇게 만들었다는 것은 주인이 그만큼 자부심을 지니고 있었다는
것을 보여준다.

　　전면 솟을대문 옆으로 세웠으며 맞배지붕 형식의 기와를 얹은 행
랑채는 6칸이나 되는 장대한 규모다. 언뜻 보면 솟을삼문 같은 위엄이
있으며 충절을 상징하는 홍살을 넣은 것이 특징이다. 토석 담은 중간

중간 흙이 빠져 나갔지만 퇴색도 아름답다는 것을 보여준다. 집 안에는 120년 된 배롱나무가 있는데 마을의 배롱나무 중 가장 오랜 수령을 자랑한다.

하씨고가

진주 하씨 원정공 하즙의 고택인 하씨고가의 대청마루에는 '원정구려'라는 편액이 있는데 대원군의 친필로 뜻은 '원정공이 살던 옛집'이다. 당대 최고의 실력자인 대원군이 친필을 내릴 정도로 구한말 남사마을에서 진주 하씨의 명성이 남달랐다는 것을 의미한다.

하즙은 1324년 진사를 거쳐 문과에 급제했는데 원이 고려 조정에 소위 감독관을 두어 고려 내정을 간섭하던 시기였다. 고려에서는 몽골 관리보다 그들을 등에 업고 행패를 부리는 사람들에 대한 원성이 높았다. 따라서 사헌부에서 이들의 만행을 규제했고 하즙도 사헌부 관원이었다. 그즈음 행주 지방 기자오의 딸이 원 순제의 제2왕비가 되어 왕자를 낳자 그의 일가들이 안하무인의 권세를 누리기 시작했다. 하즙은 이를 지적해 상부의 눈엣가시가 되었으나 이에 굴하지 않고 기왕후의 인척을 매질해 감옥에서 죽게 할 정도로 강개를 보였다.

하즙의 증손인 하연은 조선 전기의 문신으로 정몽주의 문인이다. 태조 5년(1396) 식년 문과에 급제한 후 봉상시녹사, 춘추관수찬관을 거쳐 세종 즉위 후 예조참판, 대사헌, 경상도관찰사, 평안도관찰사 등을 지내고, 대제학, 좌찬성, 우의정, 좌의정, 영의정에 오른 정통 관료다. 경력만 봐도 관운이 매우 좋은 사람으로 진주 종천서원, 합천의 신천서원에 배향되었고 단종 2년(1454) 문종의 묘정에 배향되어 진주 하씨의 명성을 드높였다.

감나무는 하연이 어렸을 때 직접 심었다고 하며, 전해 내려오는

하씨고가에는 사헌부 관원이었던 하즙이 살았으며 하즙의 증손인 하연은 정몽주의 문인이다.

이야기에 따르면 이 나무의 건강에 따라 마을의 길흉화복을 점쳤다고 한다. 또한 하연이 글을 읽을 때 날씨가 춥고 비바람이 치면 도깨비불이 나와서 감나무를 보호해주었으며, 도깨비가 나타나면 하씨 집안에 경사가 있었다고 한다.

이동서당

문화재 자료 제196호인 이동서당은 면우 곽종석을 기리기 위해 유림과 제자들이 건설했다는 역사적인 사연이 담긴 유산이다. 곽종석은 고종 초기 중추원 의관이 되었으며, 1903년 참찬으로 시독관을 겸했는데 1905년 을사조약이 체결되자 조약을 폐기하고 조약 체결에 참여한 매국노를 처형하라고 상소했다. 1910년 국권이 침탈되자 고

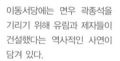
이동서당에는 면우 곽종석을 기리기 위해 유림과 제자들이 건설했다는 역사적인 사연이 담겨 있다.

향에서 은거했는데 1919년 3·1운동이 일어나자 전국 유림들의 궐기를 호소하고, 거창에서 문하생인 심산 김창숙(1879~1962)과 협의해 파리의 만국평화회의에 독립 호소문을 보냈다. 이로 인해 투옥되었고 후유증으로 74세에 세상을 하직했다.

대문은 '일직문—直門'이란 현판을 달고 있으며 대문을 들어서면 강당, 서재, 사우로 나뉘어 있다. 옆면으로 보았을 때 강당은 정면 5칸, 측면 1칸 반의 맞배지붕이며 서재는 사다리꼴, 사우는 사람 인人자 모양으로 서로 다른 모양을 하고 있다는 점도 특이하다. 이동서당 옆 부지에는 최근 '유림독립운동기념관'이 개관되었다.

이사재

남사천을 건너면 경북 문화재 제328호로 지정된 이사재를 만날 수 있다. 조선 전기 토포사 종사관으로 임꺽정의 난 진압에 공을 세우고 대사헌, 호조참판 등을 지낸 송월당 박호원의 재실이다. 1857년 건립되었으며 정문 앞에는 이순신 장군이 백의종군 중 여기를 지났다는 행로 표석이 있다. 이순신 장군은 권율 도원수부가 있는 청수역을 떠나 합천으로 가던 길에 이곳에서 하룻밤을 유숙했다. 충무공이 억수처럼 내리는 빗속을 지나다 박호원(1527~1584)의 노비 집에서 하루를 묵었다는 기록이 『난중일기』에 나온다.

"정유년(1597) 6월 1일 경신, 비가 계속 내렸다. 일찍 출발해 청수역 시냇가 정자에 도착해 말을 쉬게 했다. 저물녘에 단성과 진주 경계에 있는 박호원의 농노 집에 투숙했다. 주인이 반갑게 맞이했으나 잠자리가 좋지 못해 간

송월당 박호원의 재실인 이사
재. 세 짝의 분합문과 창살의
조형미가 수려하다.

신히 밤을 지냈다. 비는 밤새도록 멎지 않았다."

박호원은 명종에서 선조에 이르기까지 조정에서 활동한 인물로
대사헌, 호조판서 등을 역임했다. 이순신은 이 지역의 실세인 박호원
의 내력을 알고 유숙했던 것으로 추측된다. 하지만 『난중일기』에 잠
자리가 불편했다고 적은 것은 상당한 환대를 받았으나 당시 죄인의
신분으로 '극진한 대접 속에 잘 잤다'고 표현하기 어렵기 때문에 역
으로 적었을 거라고 추정하는 의견이 있다.

이사재는 전·후면 반 칸씩을 툇간으로 한 정면 4칸, 측면 2칸의
규모이며 중앙 대청을 중심으로 좌우 1칸씩 방으로 만들고 좌우 각 반
칸은 마루로 꾸몄는데 마루 부분에는 모두 계자 난간을 설치했다. 세

짝의 분합문과 창살의 조형미가 수려하고 5량가로 서까래만 쓴 홑처마 팔작지붕으로 조선 후기의 건축 특징이 적용되어 옆에 있는 연못과 잘 어울린다.

이사재 오른쪽에는 예담마을을 한눈에 조망하면서 걸을 수 있는 예담길, 즉 둘레 길이 있는데 길이는 약 2.4킬로미터다. 아름다운 하천을 따라 정겹게 걸을 수 있는 길이므로 시간을 할애해도 후회하지 않을 것이다.[5] 예담길 입구의 남사천에는 흥미로운 전설을 지닌 큰 바위가 있다. 이사재로 들어가는 다리 옆에는 새끼 거북 2마리가 있고, 약 100미터 떨어진 큰 바위에는 어미 거북이 새끼 거북이 있는 바위를 바라보고 있다고 한다. 아무리 위대한 인물이 되더라도 부모의 보살핌을 잊어서는 안 된다는 교훈을 담고 있다.

유적비의 반대쪽 마을 입구에는 남사마을이 자랑하는 사효재가 있다. 이제의 8대손인 이윤헌의 효행을 기리기 위한 것이다. 1687년 마을에 천연두가 만연하자 이윤헌은 부모를 모시고 산촌으로 피해 갔는데 산적이 부친에게 칼을 들이대자 부친을 보호하려고 막아서다가 온몸에 칼을 맞고 팔이 절단되었다. 그로 인해 8년 뒤 사망하자 정부에서 정려를 건립하고 실행록을 종가에 소장하도록 했다. 사효제는 현재 '예담촌맛집'으로 사용되고 있다.[6]

이 외에도 이씨 문중의 월포공이 과거에 급제했으나 벼슬길에 나가지 않고 후학을 가르치던 초포정사, 이씨 문중의 유생들이 공부하던 내현재, 박씨 문중의 서재였던 삼백헌, 박씨 문중의 유생들이 공부하던 망추정도 남사마을의 역사를 알려주고 있다.

남사마을은 '우리나라에서 가장 아름다운 마을 1호'라고 하지만 정부에서 공식적으로 지정한 것은 아니다. 이는 유네스코에서 지정하는 세계유산이나 자연유산과는 달리 프랑스에서 1982년 '세계에서 가장 아름다운 마을 연합회'라는 기구를 구성해 자국의 작은 농촌 마을들을 소개하기 시작한 데서 출발한다. 본래 목적은 자국의 작은 농촌 마을의 아름다운 경관과 문화유산을 알려 관광을 활성화하려는 의도였다. 프랑스의 아이디어에 이탈리아, 벨기에, 캐나다, 일본 등이 동참했고 한국도 참여해 남사마을을 '우리나라에서 가장 아름다운 마을 1호'라고 발표한 것이다.

산청에서 잘 알려진 음식은 어탕국수다. 모래무지, 피라미, 꺽지, 붕어, 미꾸라지 등을 잡아 뼈를 추린 뒤 풋고추와 호박, 미나리 등의 채소를 넣고 푹 끓인 후 어탕에 국수를 만 것으로 전형적인 경상도 맛이다. 1급수인 경호강이 흐르는 산청에서 좋은 물고기를 쉽게 잡을 수 있는 것은 당연한 일로 최갑수 작가는 보약 한 첩을 먹은 것 같다고 극찬한다.[7]

인근인 사월리의 목면시배유지는 고려 말 공민왕 때 문익점이 우리나라에서 처음으로 면화를 재배한 곳이며, 석가모니 다음으로 사리가 많이 나왔다는 성철스님의 생가인 겁외사도 근처에 자리하고 있다. 가야의 구형왕릉으로 추정되는 피라미드 무덤과 단속사지 동서 삼층석탑(보물 제72호), 대원사 다층석탑(보물 제1112호)이 있는 대원사, 법계사 삼층석탑(보물 제473호), 삼청 대포리 삼층석탑(보물 제1114호)도 유명하다. ❊

예담길 입구의 남사천에는
흥미로운 전설을 지닌
거북바위가 있다.

七步

개평마을

개평마을

✚

경남 함양군 지곡면

남사마을에서 나와 한국에서 내로라하는 양반들도 맥을 못 춘다는 개평마을로 향한다. 조선 시대 성리학의 대표적인 인물로 한 시대를 풍미했던 일두 정여창(1450~1504)과 옥계 노진(1518~1578)이 배출된 전형적인 양반 씨족 마을이다.

개평마을은 함양군 내에서 가장 먼저 형성된 반촌이다. 정여창 같은 대유학자를 배출한 것은 물론 상당수의 유명인들이 이곳을 거쳐 갔다. 신라 때 최치원이 함양 태수였던 것을 비롯해 김종직, 박지원 등이 지방 관리로 함양을 거쳐 갔다. 이처럼 많은 명사의 발자취가 남겨진 곳이므로 영남 유림의 본산을 꼽을 때 좌 안동, 우 함양이라고도 일컫는다.

가족 및 친족 제도로 반영되는 문중의 범위와 성격은 조선 전기와 후기가 크게 다르다. 고려 시대는 불교 의례와 비종법적인 친족 체제가 기본이었는데, 조선 전기에 성리학이 보급되면서 점차 성리학적인 예제로 개혁되는 과도기에 들어간다.

조선 후기의 가장 큰 변화는 장자 상속을 기본으로 하는 차등 상속 때문에 일어난다. 장자 상속이란 재산을 장자에게 몰아주고 제사를 전담하게 하는 것이므로, 같은 혈족 중에서도 제사를 주도하는 종가를 중심으로 주도권이 강화되기 마련이다. 상대적으로 박탈감을 느끼는 이성 친족이나 방계 친족은 마을 조직에서 서서히 이탈해 동족마을의 위상을 더욱 크게 한다. 이런 변화를 가장 잘 보여주는 예가 개평마을이다.

개평마을은 도숭산과 산에서 흘러내리는 두 개울이 만나는 사이에 자리 잡고 있다. 도숭산 뒤쪽 천황봉에서 뻗어 내려오는 주맥이 셋있는데 하나는 남쪽으로 향해 함양읍의 토대를 마련하고, 하나는 북으로 향해 안음현의 토대를 마련하며, 마지막 하나는 두 줄기의 가운데로 향해 도숭산을 거쳐 개평마을의 기를 형성한다. 이 지형이 '介(개)' 자 모양이라 개화대 또는 개우대 마을이라고 불렀고 지금은 개평으로 불린다.

개평마을의 역사는 비교적 잘 알려져 있다. 원래는 경주 김씨 등이 마을을 이루고 있었는데 14세기에 정여창의 증조부인 정지의가 처갓집인 이곳으로 들어와 근거지를 잡기 시작했고, 곧바로 풍천 노씨도 입향했다.

풍천 노씨 입향조인 노숙동이 함
양에 입향한 내력은 전설적이다. 노숙
동이 과거에 급제하고 이곳을 지나다
가 마을 앞 종바위 근처에서 낮잠을
자고 있었다. 그때 마을에 입거한 김
점이 집에서 낮잠을 자다가 꿈에 용이
승천하는 것을 보고 깨어났다. 무언가
길조가 있다고 느낀 그는 하인을 시켜
주변을 살피게 했고, 종바위 위에서
자고 있는 노숙동을 발견했다. 김점은
그를 불러오게 해 융숭하게 대접했고
추후에 사위로 삼았다. 김점은 정복주
의 사위이고 정복주는 정여창의 할아
버지다. 즉, 하동 정씨가 먼저 개평에
입향하고 사위인 김점의 사위로 풍천
노씨가 들어온 것이다.

풍천 조씨 입향조인 노숙동은
과거에 급제하고 개평마을을
지나다 마을 앞 종바위 근처
에서 낮잠을 잤다고 한다.

　개평마을이 본궤도에 오르기 시작한 것은 양 가문의 대표적인 인
물인 일두 정여창과 문효공 옥계 노진이 배출된 이후부터다. 두 사람
모두 남명 조식에게 큰 영향을 준 인물이다. 일두는 조선 시대 대표적
인 도학자인 동시에 성리학자로 이기론, 심성론, 선악천리론 등의 사
상을 기초로 소학과 가례의 실천적 효행에 모범을 보였으며, 특히 부
모에 대한 효행을 삶의 근본으로 삼았다. 사화에 연루되어 유배되고
1504년 갑자사화 때는 부관참시당하는 고난을 받았지만 성리학사에

서 김굉필, 조광조, 이언적, 이황과 함께 5현으로 칭송되는 인물이다.

옥계는 조선 중기의 문신으로 명종 1년(1546) 증광 문과에 을과로 급제해 박사, 전적, 예조낭관을 거쳐 지례 현감으로 있었으며 청백리로 뽑힐 정도로 명망이 높았다. 수찬, 교리, 지평, 부응교, 직제학, 형조 참의를 거쳐 도승지, 진주 목사, 충청도 관찰사, 부제학 등을 역임했다. 선조 8년(1575) 예조판서에 올랐으나 사퇴했고 그 후에도 대사헌, 예조판서, 이조판서 등에 임명되었으나 병 때문에 취임하지 못했다. 저서로 『옥계문집』이 있으며 남원의 창주서원, 함양의 당주서원에 제향되었다.

하동 정씨의 경우 서인에서 노론으로 일괄적인 흐름을 보이는 반면 풍천 노씨는 주로 남인이었지만 서인도 상당수 포함되어 있다. 즉 하동 정씨는 성리학적 이상을 추구하고 정치·경제적으로 안정적인 위치를 공고히 했지만 풍천 노씨는 학문적 실천과 실리적인 면을 강조했다. 이는 풍천 노씨가 하동 정씨보다 상대적으로 열세였다는 것을 의미한다. 이런 차이는 양 문중의 중앙 정계 진출은 물론 개평 마을에서의 활동 영역에서도 은연중 엿보인다.

우선 하동 정씨가 풍천 노씨보다 건축 활동에서 우위를 띤다. 하동 정씨의 대지 규모는 풍천 노씨보다 월등히 크다. 하동 정씨가 마을 내에서 주도적인 입지를 갖고 있고 풍천 노씨는 이들과 다소 떨어진 곳에 위치하고 있다.

이런 결과는 두 문중의 성격에도 큰 영향을 미친다. 하동 정씨는 위세적이고 탄탄한 배경을 바탕으로 종파와 종손 중심적인 특성을 갖고 있는 반면, 풍천 노씨는 상대적으로 지파와 지손 중심적인 특성을

갖고 있다. 즉, 풍천 노씨는 개평마을과 떨어진 곳에 많은 씨족이 분가
했다는 것을 의미한다.

　개평마을이 남다른 전통 마을인 이유는 신분별, 문중별로 영역이
확연히 구별되기 때문이다. 반가의 주거지는 중앙 부분에 기다란 영
역을 이루면서 평민들의 공동 영역과 명백하게 구분된다. 그러면서도
양 문중의 공동 장소가 다른 축을 이루고 있다. 하동 정씨는 도곡서원,
대종가, 만귀정 등이 선산인 숭안산을 향해 축을 형성하고 있으며, 풍
천 노씨는 대종가, 동산정사 등이 선산인 주곡산을 향해 축을 형성하
고 있다.

　평민의 주거지는 북쪽으로는 덕암들과 경계를 이루면서 남쪽으
로는 마을 초입부터 옥계천을 따라 주변부에 형성되었다. 마을 초입
의 정자나무, 동신제*장소인 신선대, 마을 중간 부분에 위치한 우물도
평민용이다. 이들이 거주했던 가랍집이 비록 허물어진 상태이지만 개
울 언저리와 건너편에 남아 있다.

　양반과 평민의 위계는 마을 부락제를 봐도 알 수 있다. 개평마을
부락제는 섣달 그믐날부터 마을 주민이 농악 및 풍물을 울리며 가가
호호 방문해서 조금씩 쌀을 추렴해 당산제를 준비하는 것부터 시작된
다. 그리고 정월 대보름 마을 사람 중에서 선정된 제관 3명이 마을 초
입에 있는 정자나무, 신선대, 종암우물 주위 등 세 곳에서 동시에 당산
제를 올린다. 마을 사람들은 당산제 3일 전부터 궂은 것을 보지 않고
비린 것을 먹지 않는 등 마음을 깨끗이 비웠다고 한다.

　당산제에 참가한 사람은 사대부 양반이 아니고 평민뿐이었다. 양
반들은 마을에 자신들만의 공동 장소, 즉 문중의 대종가가 있으므로

* 동신제(洞神祭)
마을 사람들이 마을을 지켜
주는 신인 동신(洞神)에게 공
동으로 지내는 제사. 마을 사
람들의 무병과 풍년을 빌며
정월 대보름날에 서낭당, 산
신당, 당산 따위에서 지낸다.

군이 부락제에 참가할 필요가 없었다. 남자들은 사랑대청에 모여 공동 관심사를 협의했고 여성들도 안채에서 교류했다. 물론 마을에 있는 정사와 서원도 양반들의 활동 장소였다. 함께 살았지만 부락제조차 함께하지 않았다는 점에서 당대의 양반과 평민의 위계가 얼마나 깊었는지 알 수 있다.

그런 개평마을에도 현대화의 물결은 어김없이 찾아왔다. 급격한 사회·경제 구조의 변화로 많은 주민이 타지로 전출해 인구가 감소하고 건물들이 퇴락하고 있는 실정이다. 그래도 이 정도의 전통적 환경이 조선 초기부터 지금까지 보존되고 있는 마을은 거의 없다. 아직도 크고 작은 한옥 60여 채가 남아 있고 100여 가구에서 200여 명이 살고 있는데 대학 교수만 150명을 배출했다고 한다. 600년이나 전통을 유지하고 있는 개평마을의 상징성과 중요성을 이해할 것이다.[1]

개평마을을 들어서면 오른쪽과 왼쪽으로 큰길이 있다. 오른쪽은 새로운 문명의 혜택으로 만들어진 길이며 중요 민속자료 제186호인 하동 정씨 대종가가 보인다. 그 아래로 풍천 노씨 대종가, 오담고택, 노참판댁 고가 등 한옥들이 흙담을 사이에 두고 옹기종기 모여 있으므로 한옥 박물관이라 불러도 손색이 없을 정도다. 가장 중심이 되는 자리에 정여창 고택이 있으므로 이곳부터 답사를 시작한다.

정여창 고택

정부의 공식 지정 명칭은 문화재 지정 당시의 건물주 이름인 '함양 정병옥 가옥'이지만 하동 정씨 대종가, 정여창 고택, 일두고택, 정병옥 가옥 모두 같은 곳이다. 함양은 선비와 문인의 고장으로 이름나

있으며 대표적인 인물이 일두 정여창이다. 조선조 5현이자 동국 18현
으로 성균관을 비롯한 전국 234개 향교, 9개의 서원에서 모시는 성리
학의 대가다.

고택은 1570년 정여창 생가 자리에 지어진 이후 후손들에 의해
여러 번 중건되었다. 풍수에서는 대문을 기의 출입구로 여겼으므로
건물에서 대문의 방위가 어디에 있는가를 대단히 중요시했다. 솟을대
문 주위의 담장은 대문과 함께 사신사 역할을 한다. 이처럼 살림집을
풍수로 풀 때 집의 주된 건물은 혈, 마당은 명당이 된다.

솟을대문 앞에는 하마비*가 자리해 주인의 명망을 알리고 있다.
일반적으로 솟을대문에는 벽사의 의미가 있는 호랑이 뼈나 가시가 많

＊ 하마비(下馬碑)
조선 시대에 누구든지 그 앞
을 지날 때는 말에서 내리라
는 뜻을 새겨 궁가, 종묘, 문
묘 등의 앞에 세웠던 비석.

사랑채 방문 위에서 시선을 압도하고 있는 글씨. 흥선대원군이 쓴 것이다.

은 오가피나무 등이 걸려 있는데, 이곳에는 나라에서 내린 정려 패인 효자문 문패가 다섯 개 걸려 있다. 정려문을 통해 마당에 들어서면 정면으로 안채로 가는 일각문이, 오른편으로 넓은 사랑 마당에 잘 다듬은 디딤돌과 소맷돌을 갖춘 사랑이 보인다. 비교적 높은 축대 위에는 사랑채가 있고 안사랑채로 이어지는 쪽담 아래에는 두 그루의 구불거리는 노송이 사랑채 누마루에 기대 있다.

사랑채 방문 위에 천장까지 닿도록, 소위 대문짝만 하게 써놓은 '충효절의忠孝節義', '백세청풍百世淸風'이라는 글씨가 집안의 분위기를 압도한다. '충효절의'는 흥선대원군이 썼고 '백세청풍'은 김정희의 글씨라고 하나 고증은 안 된 상태다. 대문채는 쪽마루를 두어 좌우 두 칸씩 네 칸의 방을 꾸미고 왼쪽 끝에 사랑 측간을 만들어놓았다.

사랑채 계단에 올라서면 디딤돌인 섬돌로 기둥과 기둥 사이에 꽉 맞게 잘 다듬은 장대석을 2단으로 쌓은 모습이 보인다. 신을 벗고 드나들기 편하게 널찍한 디딤돌을 만든 것이다. 기단이 높아 건물이 높게 들려 있는 듯하므로 마루 아래를 널로 막아 보이지 않게 했다. 사랑방 후면에 붙어 있는 마루방은 사랑방과 미닫이로 연결되어 있다. 안채로 통하는 마루는 청판을 이용한 장마루* 형식으로, 대청에 사용하는 우물마루와는 다르다.

　　사랑채는 ㄱ자형에 정면 다섯 칸, 측면 두 칸 크기로 동쪽에 누마루를 꾸며 놓았다. 안채로 들어가는 일각문과 중문 아래채가 나란히 一자형으로 결합된 형태다. 전후퇴를 넓게 만든 사랑방을 중심으로 왼쪽에는 두 개의 건넌방과 누마루를 내어 달았다. 중문 아래채와 연결되는 오른편에는 두 칸의 대청마루를 만들고 툇마루를 꾸몄는데 이 집의 특별한 마루 형식이다. 뜨거운 여름, 툇마루와 연결되는 사분합을 들어 처마에 걸면 네 칸 크기의 커다란 대청마루로 변신한다.

　　반갓집답게 사랑방은 겹집 평면으로 고방을 붙여 서재로 사용했다. 안채 쪽으로 커다란 광창을 만들고 창호지를 발라 햇살이 방 안으로 들어온다. 막쌓기를 한 기단 위에 소맷돌을 갖춘 돌계단에 올라서면 자연석 주춧돌을 사용해 원기둥을 세운 겹처마 팔작지붕인 5량 집이 드러난다. 겹처마는 네모나게 각진 부연**을 사용했다. 이 부재를 대면 처마가 길어지고 처마 끝이 약간 솟아나 날렵하고 고풍스러운 느낌을 준다.[2]

　　사랑채도 정여창 고택의 위세를 한껏 보여주지만 더욱 유명세를 타는 것은 사랑채 앞에 조성된 석가산이다. 이는 자연석을 이용해 삼봉형 주산을 높게 만들고, 좌우에 주산보다 낮은 각각의 높이로 봉우리를 만든 후 산봉 아래 깊은 석곡을 만들어 매화 등을 심은 조원이다.

＊ 장마루
장귀틀과 동귀틀을 놓아서 짜지 않고, 긴 널로 죽죽 깔아서 만든 마루.

＊＊ 부연(附椽/婦椽)
처마 서까래의 끝에 덧얹는 네모지고 짧은 서까래. 처마 끝을 위로 들어 올려 모양이 나게 한다.

풍수적인 비보로 쌓는 조산과 다른 점은 규모가 훨씬 작고 관념적이라는 것이다. 아담한 규모이지만 산과 바위, 물과 나무가 모두 들어 있다. 동양 전통의 신선 사상을 조형물로 나타낸 것으로 정여창 고택은 비교적 원형을 보존하고 있다고 추정한다. 석가산은 중국에서는 송나라 때 생겼으며 한국에서는 백제, 신라 때 활발했고 일본은 백제에게 전수받아 정원의 골격을 이루는 요소로 자리 잡았다.

특이한 것은 조원은 대체로 후원에 두는데 이곳에서는 사랑 마당 담장 옆에 조성했다는 점이다. 그러므로 석가산은 사랑채의 누마루에서 잘 보인다. 안채와 사랑채가 각각 남서향과 동남향으로 방향을 달리하는데 바깥의 풍경을 석가산을 통해 빌린 것이라는 설명도 있다.

　사랑채 옆 곳간채의 중간에 세워진 일각문을 거쳐 안채 영역으로 들어가는데, 일각문에 들어서면 또 한 번 중문을 통과해야 한다. 남향한 一자형 안채는 경북 지방의 폐쇄적인 공간과는 달리 아래채와 곳간채, 사랑채가 일정한 여백을 두고 개방적으로 분할되어 있다. 일각문을 지나 사랑채 끝에 연결된 중문 아래채의 왼쪽으로 네 칸짜리 판자벽으로 만들어진 안곳간채가 나온다. 안채의 오른쪽으로는 안사랑채가 있고, 안채 뒤편에는 별도의 담장으로 구획된 겹처마에 단청이 화려한 세 칸짜리 사당이 있다. 사당 옆에는 다섯 칸에 두 칸 크기의 큰 곳간채가 있다.

　사당이 안채 뒤쪽에 있는 것이 이색적인데, 하동 정씨의 대종가이므로 수많은 제사를 원활하게 준비하기 위한 것으로 보인다. 『주자가례』에 "집을 지을 때 다른 것보다 사당을 먼저 건립하고 위치는 정침의 동쪽으로 한다"라고 명시되어 있는데도, 조선 전체를 통해 명가 중의 명가라고 불리는 하동 정씨의 자택에서 변화를 꾀한 것이다. 살아가는 데 실리적인 면을 무시할 수 없음을 다시 한번 보여준다.

　안채 대청마루에는 정여창 고택에 내려오는 전설이 있다. 선비 집안이니 가세가 청빈할 수밖에 없으므로 주인은 가마니를 짜는 등 손수 일을 했다. 작업하는 동안 조명 삼아 관솔*불을 지펴놓았는데 관솔이 힘차게 타오르니 받침돌이 뜨거워질 수밖에 없었다. 뜨거워진 돌은 마루의 장귀틀을 꽈배기처럼 뒤틀리게 했는데, 장귀틀이 그렇게 된 뒤부터 재산이 불 번지듯 불어났다고 한다. 이는 부지런한 자가 누린 재복이라고 풀이되며, 후손들은 선조들이 노력한 흔적을 두고두고 알

＊ 관솔
송진이 많이 엉긴 소나무의 가지나 옹이. 불이 잘 붙으므로 예전에는 여기에 불을 붙여 등불 대신 이용했다.

려주기 위해 뒤틀린 귀틀을 갈아 끼우지 않고 그대로 둔다고 한다.³

정여창 고택에는 또 다른 전설이 있다. 아주 가난하던 시절 안주
인이 밭에 나갔다가 돌아오는데 뱀 한 마리가 머리를 꼿꼿이 치켜들
고 길을 앞질러 갔다. 마치 길을 안내하는 듯이 한참 앞서거니 뒤서거
니 했는데 뱀이 찾아간 집이 바로 자기 집이었다. 안주인은 뱀을 행주
치마에 싸 성주님으로 모시도록 항아리를 마련했다. 지금도 곳간 깊
은 곳에 은밀하게 모셔 놓은 성주 단지가 있다고 한다.⁴

안채 서쪽 끝에는 부엌이 있는데, 부엌이야말로 주택에서 둘도
없이 중요한 공간이다. 『임원경제지』에서는 부엌을 우주의 원리로 해
석했다.

"길이는 일곱 자 아홉 자로 하니 위로는 북두칠성을 본뜨고, 아래로는
구주九州에 대응함이요, 너비는 넉 자이니 사시四時를 본뜬 것이요, 높이는 석
자이니 삼재三才를 본뜬 것이다. 아궁이의 폭은 한 자 두 치이니 열두 시를 본
뜬 것이요, 두 개의 솥을 앉힌 것은 해와 달을 본뜬 것이요, 부엌 고래가 여덟
치인 것은 팔풍八風을 본뜬 것이다."

이 집의 안채도 이 규칙을 최대한 따르고 있다. 부엌의 상부에는
안방에서 사용하는 커다란 다락을 두었고, 툇마루 끝의 부엌 옆에는
미닫이 창살이 정교하고 세련된 마루 벽장이 있다. 부엌 북쪽에 있는
미닫이 광창이 부엌을 밝게 해준다.

정여창 고택을 정리하면 안채와 아래채, 사랑채와 곳간채 등 독
립된 채들로 구성되어 있으며 폐쇄된 ㅁ자형의 모습을 보인다. 그중

놀라운 것은 곳간채가 10칸이나 된다는 사실이다. 워낙 큰 저택이므로 채 또는 담장으로 분할된 독립적인 영역도 8개나 된다. 사랑 마당, 안사랑 마당, 사랑 마당에서 안마당으로의 이동 공간, 안마당, 안사랑 마당에서 안마당으로의 이동 공간, 바깥 곳간채와 안 곳간채의 작업 공간, 사당 영역 등이다.

사당은 겹처마에 금색의 화려한 단청을 하고 있으며 이익공 공포로 꾸몄고, 위에는 패랭이꽃을 그린 화반을 꾸며 아름답게 치장했다. 유교 사상이 뿌리 깊은 조선에서 일반적으로 사당은 치장하지 않았지만 특별한 경우 단청과 공포를 꾸미도록 허락했다. 법도가 철저했던 조선에서도 예외를 두었던 사회상을 엿볼 수 있으며, 당대의 최고 가문에서 훌륭한 선조를 모시기 위해 최선을 다한 모습도 볼 수 있다. 대부분은 반 칸의 퇴를 두고 삼문을 만든 후 위패를 모시는데 여기에서는 툇마루를 깔아 신을 벗게 했다.

건축 전문가들은 이 집이 조선 중기 사대부 살림집의 전형적인 모습이라고 평가한다. 드라마 〈토지〉의 최참판댁은 이곳을 배경으로 촬영했고, 〈다모〉에서는 어린 채옥의 생가로 활용해 명성을 높였다.[5]

오담고택

정여창 고택에서 약간 올라가면 경상남도 유형 문화재 제407호인 오담고택이 보인다. 오담 정환필 선생이 기거한 집으로 사랑채는 1838년에, 안채는 1840년에 건설했다. 오담은 경로효친 사상을 강조한 조선 후기 학자였으며 일두의 12세 후손이다. 일두고택에 살고 있는 정명균에 따르면, 문화재로 지정되면서 공식 명칭을 부여할 때는 당대의 건물주 이름을 적는 것이 원칙이나 선조 이름인 오담을 고집해 결국 승낙받았다고 한다.

팔작지붕 사랑채는 정면 4칸, 측면은 어칸과 전후툇간으로 구성되었으며 후툇간은 전툇간에 비해 큰 규모로 비대칭의 단면 구조를 보인다. 전면 툇마루에는 둥근 기둥을 두었고 나머지는 사각기둥을 사용했는데 약한 민흘림*이 있으며 목재는 적송이다. 사랑채 옆으로 난 대문으로 들어가면 사랑채와 안채가 나란히 자리 잡고 있다.

안채는 정면 5칸, 측면 2칸 규모의 전후 툇집으로 3량가인데 기단은 자연석을 3~4단 쌓고 그 위에 자연석으로 초석을 놓아 기둥을 세웠다. 기둥은 모두 각주이며 약한 민흘림을 두었다. 부섭지붕**이 박공 면에 달렸는데 19세기 말 새로운 문물이 봇물같이 들어온 것을 반

* **민흘림**
기둥 밑동에서 꼭대기까지 직선으로 조금씩 가늘게 한 흘림.

** **부섭지붕**
벽이나 물림간에 기대어 만든 지붕.

오담고택은 사랑채 대청마루에 신주를 설치하는 등 대종가에서 분가한 양반 계층의 주거 형태를 하고 있다.

영한 것이다. 이 집의 특징은 정지 칸, 마루 칸, 건넌방 칸이 안방 칸에 비해 폭이 넓다는 점이다. 커다란 부재를 사용하지는 않았으나 재료를 자연 그대로 사용한 가구나 안채와 사랑채에 전후 툇간을 적용한 점 등이 조선 후기 주거 건축의 전형적인 양식을 보여준다.[6] 사랑채 앞에 담장으로 둘러싸인 장독대가 있는데 원래 안채 앞에 있던 것을 옮긴 것이다. 특히 사랑채 대청마루에 신주를 설치하는 등 대종가에서 분가한 양반 계층의 주거 형태라는 점에서 가치를 인정받았다.

■
오담고택 사랑채 앞에는 담장
으로 둘러싸인 장독대가 있다.

하동 정씨고가

경남 문화재 자료 제361호인 하동 정씨고가는 큰길에서 약간 떨어져 있다. 이런 곳에 문화재가 있다니 놀라는 사람도 있겠지만 이런 정경이 바로 우리 유산의 별미다.

이 집으로 가는 골목은 돌담이 가지런히 좌우를 호위하는 형상이다. 대문채를 지나자 눈앞에 널찍한 공간이 펼쳐진다. 우리나라의 경우 앞마당에 아무 치장이 없는 것이 기본이며 여기서도 그 규범을 철저하게 지키고 있다.

정면 여섯 칸에 측면 한 칸인 5량가로, 300년 이상 된 一자형이

다. 전후 툇마루와 동쪽에 툇마루를 가진 맞배집이다. 중앙에 두 칸의
대청마루를 두었고 오른쪽에 두 칸의 안방과 부엌이, 왼쪽에 건넌방
이 있다. 안방과 인접한 후면에 툇간을 두어서, 배면에서 보면 광창 판
벽이 특이하다.

　　또한 건넌방 동쪽 편에 눈썹지붕을 내서 건넌방에 기거하는 며느
리와 아이들의 편리를 고려한 것이 인상적이다. 건넌방 온돌은 전면
에 함실*아궁이를 두고 있으며, 여름에는 넓은 안마당에 여백을 두어
충분한 햇살과 바람을 받게 만들어놓았다. 그러므로 햇살이 강렬한
여름날 오후 안채의 대청마루에 서 있으면 시원한 안마당과 남풍에
가슴이 탁 트이는 느낌이 든다.

* 함실
부넘기(방고래가 시작되는 어귀
에 조금 높게 쌓아 불길이 아궁이
로부터 골고루 방고래로 넘어가게
만든 언덕)가 없이 불길이 그냥
곧게 고래로 들어가게 된 아
궁이 구조.

하동 정씨고가는 앞마당에 아
무 치장이 없다는 규범을 철
저하게 지키고 있다.

풍천 노씨 대종가

하동 정씨의 대종가인 정여창 고택, 오담고택을 한껏 감상한 후
이와 경쟁 장소인 풍천 노씨 대종가를 찾아간다. 이 집은 오담고택에
서 좌회전, 즉 개평마을 입구에서 왼쪽으로 들어가는 곳에 위치한다.
입향조인 송재 노숙동이 경남 창원에서 처가인 이곳에 자리를 잡고
이사 오면서 지은 집이다. 송재는 호조에서 참판 등을 역임했고 『고려
사』 저술에도 참여했다. 지극히 청렴해 다른 사람들에게 민폐를 끼쳤
다는 말을 들을 정도였다고 하며, 1701년 숙종 때 도곡서원에 배향된
선비 중의 선비다.

현재 보이는 건물들은 순조 24년(1824) 건립되었으며 1940년대
에 중수한 것이다. 남부 지방의 특징인 개방형이며 독립된 채들로 구
성되었지만 사대부 집답게 ㅁ자형으로 배치되었다. 곳간은 초가였으

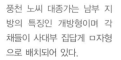

풍천 노씨 대종가는 남부 지
방의 특징인 개방형이며 각
채들이 사대부 집답게 ㅁ자형
으로 배치되어 있다.

나 기와로 변경했다. 안채는 정면 4칸, 측면 1칸에 전후퇴를 둔 팔작지붕이며 5량가다. 기둥은 방주를 사용했고 약한 민흘림이 있다. 대문간채는 양반가답게 솟을대문으로 삼문 형식이다. 사랑채는 전면 4칸, 측면 1칸에 전퇴를 두었고 팔작지붕으로 근래에 신축했다. 기와는 옛것을 그대로 사용했으며 큰 제사가 있을 때 남자들의 숙소로 사용했다. 풍천 노씨를 대표하는 종가이지만 정여창 고택에 비해서는 공간구성이 약하고 영역의 성격이 분명하지 않아 건물을 지을 당시 하동정씨에 비해 힘이 크게 밀렸다는 것을 알 수 있다.

노참판댁 고가

노참판댁 고가는 개평마을에서 가장 오래된 건물로 추정된다. 예전에는 안채 앞마당 좌우로 광 1채, 억새로 만든 3칸 집, 대문 밖에 하인들이 거처하는 여러 채의 집이 있었으나 현재는 대문간채, 사랑채, 안채 및 사당만 남아 있다.

사랑채는 전면 4칸, 측면 1칸으로 전퇴를 두었는데 부식된 기둥 뿌리를 교체하지 않고 잘라내기만 해 건물이 다소 전면으로 내려앉았다. 우진각 지붕에 일본식 기와를 사용했다. 안채는 규모는 작지만 정면 4칸, 측면 1칸에 전퇴를 두었고 평면 배치는 사랑채와 유사하다. 대청에는 4짝 미세기문*이 달려 있으며 정주간 앞에 장독대와 우물이 있다. 안채의 아랫방 옆을 돌아 뒤뜰로 나가면 정면 1칸, 측면 1칸의 전퇴가 있는 사당이 있다. 사당은 단청을 하지 않고 전면에 퇴를 두고 원형 기둥을 했으며 마루를 두지 않았다.

대표적인 양반집이므로 명사들이 계속해서 기거했는데 대표적

* 미세기문
두 짝을 한 편으로 밀어 겹쳐지게 여닫는 문.

노참판댁 고가는 개평마을에서 가장 오래된 건물로 추정된다.

인 인물이 호조참판을 지낸 노광두(1771~1859)다. 그는 이 지방에 심한 가뭄으로 흉년이 들자 왕에게 조세를 감면해 달라고 상소했고, 왕은 그가 청백리임을 감안해 청을 들어주었다. 마을 주민들은 고마운 마음에 그에게 재물을 갖다주었지만 끝내 받지 않자 사랑채를 지어주었다고 한다. 주민들이 대종가의 사랑채를 지어준 것은 전국적으로 찾아볼 수 없는 미담에 속한다.

이 집이 더욱 유명해진 이유는 조선 말기 우리나라 바둑계 일인자였던 사초 노근영(1875~1944)이 태어난 곳이기 때문이다. 그는 일제 강점기에 일본의 고수 기타니 미노루 8단, 혼다 슈고 초단 등을 만방萬放으로 이기는 등 조선 바둑을 한 단계 올려놓았으며 우리나라 최초의 국수라 불린다. 며느리의 산후 조리를 위해 보약을 지으러 나갔다가

바둑 친구를 만나 약을 손에 든 채로 서울로 바둑 유랑을 가는 등 많은
일화를 남긴 전설적인 인물이다. 조훈현, 이창호 국수 등이 그를 이었
다고 알려진다.

종암우물

　노참판댁 고가 앞에서 '일두 선생 산책로' 라고 쓰인 팻말을 따라
개울을 넘으면 왼쪽으로 노 씨의 전설이 담긴 종암우물이 있다. 이 우
물은 옥계천 좌우에 있던 다섯 개의 샘물 중 하나였다고 한다. 풍수지

리로 볼 때 개평마을은 행주형 입지로
배에 구멍을 내면 배가 가라앉는다고
해 우물을 파지 못하고 자연 암반에서
솟아나오는 다섯 개의 우물만 사용했
다. 그런데 어떤 연유에서인지 마을에
우물이 파여 버렸다. 청하현감을 지낸
정덕재가 이를 알고 바위에 종암이란
글자를 새겨 누구도 소나무나 우물을
건드리지 못하게 했다.

종암우물은 옥계천 좌우에 있
던 다섯 개의 샘물 중 하나였
다고 한다.

　바위에서 산책로를 따라 약간 올
라가면 수령 약 500년 정도의 커다란
함양 개평리 소나무가 있으며 왼쪽으
로 약간 걸으면 사초 노근영의 무덤이
있다. 이곳에서는 개평마을의 그림 같
은 전경이 펼쳐지므로 풍수지리를 잘

알지 못해도 마을이 좋은 자리에 있다고 느낄 수 있을 것이다.

만귀정과 동남정사

마을의 주된 주민이 두 성씨이므로 정자도 각각 있다. 하동 정씨의 만귀정은 상개평으로 들어가는 마을 윗자락에 있다. 서산 군수를 지낸 개은 정재기(1811~1879)가 1871년 일두를 추모해 건설한 것이다. 죽림이 주위를 둘러싸고 있으며 방형의 연못 안에 원형의 섬을 만들어 유교적 우주관을 나타낸다. 오른쪽 가장자리 한 칸을 마루로 처리했으며, 중간에 높은 턱을 둔 영남 지역 정자 유형에 들어간다. 외부의

만귀정은 주위를 죽림이 둘러싸고 있으며 방형의 연못 안에 원형의 섬을 만들어 유교적 우주관을 나타낸다.

연못 경관과 잘 어울리며 풍호암이 있는 옥계천 건너편의 송석정과
마주보고 있다. 풍호암이라는 글자가 새겨진 대형 바위가 있는 커다
란 못을 옥호담이라고 하는데, 개평마을 사람들이 목욕하던 곳이라고
한다.

　　풍천 노씨의 동남정사는 노숙동과 노진이 강학하던 자리에 후손
들이 지은 정자로, 높은 언덕에서 오돗골을 바라보는 위치에 있다. 정
면 4칸 중 오른쪽 1칸 방, 마루, 왼쪽 방 2개로 되어 있으며 전퇴의 폭
이 상대적으로 넓어 경쾌한 모습을 보이는 납도리집 팔작지붕이다.[7]

소나무 군락지

　　개평마을을 방문하면 경상남도 기념물 제254호이며 마을 입구
왼쪽에 있는 소나무 군락지를 빠뜨리지 않기 바란다. 마을 앞 야산의
능선을 따라 조성된 적송이며 풍수지리에 따라 마을을 보호하기 위한
비보림으로 조성되었다.

　　수령은 300~400년 정도로 추정되고 큰 나무는 높이 15미터, 가
슴 높이 둘레 160~220센티미터이며, 작은 나무는 높이 10미터, 가슴
높이 둘레 80~150센티미터로 각각 위용이 대단하다. 현재 100여 주
가 있으며 면적은 약 1만 제곱미터다.

　　특이한 것은 이 군락지 안에 경남 기념물 제211호로 지정된 '함양
개평리소나무'가 있다는 것이다. 100여 개의 소나무 중 단연 으뜸이므
로 천연기념물 군락지 안에 있지만 별도로 경남에서 기념물로 지정했
다. 높이 16미터, 가슴 높이 둘레 2.95미터이며 추정 수령은 약 500년
이다.

개평 소나무 군락지에 있는 제단. 마을 평민들이 부락제를 지낸 곳이다.

소나무 군락지의 머리 부분에는 제단이 있는데 마을 평민들이 부락제를 지낸 곳이다. 해방 이후에도 마을 사람들이 당송 밑에서 제사를 지낸 후 지신밟기*를 했다고 전해진다.

개평마을은 500여 년 전통의 가양주인 지리산 솔송주의 특산지로도 유명하다. 하동 정씨 문중에 대대로 내려온 솔잎으로 담그는 술이며 1997년 후손들에 의해 복원, 개발되어 판매하고 있다.

전통 마을에 관심이 높아지자, 각지에서 개발이라는 명목으로 무분별하게 파괴한 전통 마을을 살리려는 운동이 활발하게 진행되고 있다. 물론 개평마을의 참모습을 찾는 연구도 이루어졌는데 내용이 매우 진지하다.

우선 외곽 도로 노면과 각 건물들의 진입로로 이용되는 안길 대

＊ 지신밟기
음력 정월 대보름날 영남에서 행해져온 민속놀이의 하나. 마을 사람들이 농악대를 앞세우고 집집마다 돌며 땅을 다스리는 신령을 달래 연중 무사를 빌고, 집주인은 음식이나 곡식, 돈으로 이들을 대접한다.

부분이 아스팔트나 콘크리트로 포장되어 마을의 경관을 크게 훼손하
고 있다는 지적이다. 이들 도로를 친환경적인 재료로 바꾸어야 한다
는 주장이다. 새마을 운동 등으로 크게 변형된 담도 주목을 끈다. 일
부 구간의 토석 담과 돌각 담이 대체로 원형을 보존하고 있지만 북쪽
외곽 도로 쪽에는 블록 담이 많이 보인다. 전통 담에 시멘트 회반죽을
바르거나 일식 평기와를 덮기도 했다.

　　더욱 마을의 경관을 해치는 것은 남쪽 옥계천을 따라 견칫돌*과
시멘트 회반죽을 사용한 제방이다. 마을의 역사적 경관을 정비, 보전
하는 것이 당대의 현안이므로 근간 새로운 형태의 전통 마을이 꾸며
질 것으로 생각된다.

* 견칫돌
석축을 쌓는 데 쓰는 사각뿔
모양의 석재.

　　개평마을을 방문하더라도 인근에 있는 함양읍 대덕동의 함양상
림(천연기념물 제154호)을 지나치면 개평마을을 보지 않았다는 말을 듣
는다. 넓이가 읍내를 가로지르는 둑을 따라 13만 제곱미터에 이르며
120여 종 2만여 그루의 식물이 살고 있다. 이 숲이 특별한 이유는 자
연적으로 발생한 원시림이 아니라 무려 1,100년 전 만들어진 우리 역
사 최초의 인공림이기 때문이다.

　　우리나라에서 천연기념물로 보호받는 장소 중 유일하게 낙엽 활
엽수 군락지인 상림은 신라 말 해동공자라 불렸던 최치원(857~?)이 조
성한 것으로 알려져 있다. 하천의 범람과 주민들의 수해를 막기 위해
둑을 쌓고 물길을 돌려 나무를 심었으며, 상림과 하림으로 나뉘어 조
성되었지만 현재는 상림만 존재한다.

　　초입에 약수터가 있으며 함화루라는 건축물이 운치를 더한다. 원
래는 함양읍성의 남문으로 망악루라는 현판을 가지고 있었고 남문에

서 지리산이 보여 이렇게 이름 지었다고 한다. 1932년 고적보존회 대표였던 송계 노덕영이 사재를 들여 현재 위치에 이건해 함화루라고 개칭했다.

상림에는 뱀이나 개미가 없다고 한다. 그렇기 때문에 상림은 어디에서나 마음 놓고 앉아서 쉴 수 있다. 땅이나 나무가 주위와 다를 바 없는데도 그런 까닭은 최치원의 지극한 효성에서 비롯된 것이라고 전해지고 있다.

최치원은 홀어머니를 모시고 살았다. 아침저녁으로 문안드리고 외출할 때에는 반드시 허락을 받고 나갔으며 돌아와서도 동태를 알려 근심하시지 않도록 해 하늘이 낸 효자로 알려졌다. 어느 날, 어머니가 혼자서 바람을 쐴 겸 상림에 산책을 나갔다가 뱀을 보고 깜짝 놀랐다. 이 이야기를 들은 최치원은 숲으로 달려가 "상림에 있는 모든 해충은 일체 없어져라. 그리고 다시는 이 숲에 들지 마라"라고 주문을 외웠다. 그 후로 모든 해충이 사라졌다고 한다. 최치원의 지극한 효성에 하늘과 땅, 심지어 미물도 감동했다는 전설이다. 사람들은 최치원이 신선이 되어 하늘로 올라갔을 것이라고 한다.[8]

상림 한쪽에는 고운 최치원, 덕곡 조승숙, 점필재 김종직, 일로 당양관, 뇌계 유호인, 일두 정여창, 옥계 노진, 개암 강직, 연암 박지원, 진암 이병헌, 의재 문태서 등 함양을 빛낸 열한 명의 흉상이 배치된 인물공원이 있다. 최근에는 약 300여 종의 연꽃으로 연꽃 단지를 조성해 방문객들의 눈길을 끈다.

상림 입구에는 사랑나무로 알려진 연리목이 있다. 일반적으로 잘 알려진 연리목은 뿌리가 다른 두 나무가 합쳐진 것이다. 그런데 이곳

의 연리목은 특이하게도 서로 다른 개
서어나무와 느티나무가 합쳐진 것이다.
연리목은 예부터 상서로운 나무로 여겨
왔다. 나무 앞에서 서로 손을 꼭 잡고
기도하면 부부 간의 애정이 더욱 두터
워지고 남녀 간의 사랑이 이루어진다고
전해진다.

　산책길 중간에 있는 작은 정자 사
운정 옆에는 최치원 선생의 공적비가
있다. 또한 숲 조성 당시 최치원이 나무
에 걸어놓았다는 금호미가 있는데 마음
씨 착한 사람의 눈에만 보인다는 전설
이 있다. 아직까지 금호미를 봤다는 사
람은 없다는데 정말로 착한 사람이 없
기 때문인지 궁금하지 않을 수 없다. ❋

상림 입구에는 사랑나무로 알
려졌으며 개서어나무와 느티
나무가 합쳐진 연리목이 있다.

자연, 한옥에 깃들다

❈ 한옥의 특징 중 하나는 자연 재료를 적절히 사용했다는 점이다. 이 말은 한옥을 건축하면서 가공을 최소화했다는 뜻과 다름없다. 휜 나무는 휜 그대로, 울퉁불퉁한 돌은 울퉁불퉁한 그대로 사용한다.

반듯하고 깔끔하게 마무리된 건물을 좋아하는 현대 관점에서 보면 거칠고 전근대적이며 솜씨가 떨어진다고 생각할 수도 있다. 하지만 이런 원시적인 전통 문화에는 자연에 대한 사랑이 포함되어 있다는 것을 이해할 필요가 있다. 자연미란 좁은 의미로는 자연 상태에서 발견되는 미가공 상태의 아름다움을 의미한다. 꼭 필요한 것만 갖춘 상태의 아름다움을 뜻하므로 소박미라고도 부른다.

그러나 재료를 자연 그대로 사용한다고 해서 아름다움이 저절로 생기는 것은 아니다. 자연 재료가 소박미를 얻기 위해서는 다음 단계가 필요하다.

한옥의 특징 중 하나는 자연 재료를 적절히 사용했다는 점이다.

① 재료의 본성에 충실할 것.

② 재료의 특징이 자연스럽게 드러나도록 할 것.

③ 가장 적합한 건축적 쓰임새가 되도록 할 것.

④ 건축의 다른 요소들과 잘 어울릴 것.

위의 목적에 부합하기 위해서 여러 재료를 사용할 수 있지만 한옥의 기본 재료는 나무와 돌이다. 나무를 먼저 이야기하자면, 한옥의 자연미가 살아 있기 위해서는 나무의 본래 형상과 표면이 그대로 남아 있어야 한다. 휘었다면 휜 상태가, 두꺼우면 두꺼운 상태가 그대로 유지되어야 한다. 나뭇결 또한 본래대로 유지하는 것이 기본으로 거칠면 거친 대로, 치밀하다면 치밀한 대로 유지되어야 한다.

돌도 마찬가지다. 가능한 한 본래 형상을 지켜야 한다. 작은 돌이 필요하다면 그 크기에 가장 근접한 돌을 찾아 써야지 큰 돌을 잘라 쓰면 안 된다. 반대의 경우도 마찬가지다. 큰 돌이 필요하다고 작은 돌 몇 개를 붙이는 것이 능사가 아니라는 것이다.

물론 이런 재료에도 제한이 있기 마련이다. 나무가 너무 휘었다면 공간을 사용하는 데 제약이 있을 수 있다. 돌도 마찬가지다. 조적 축조 자체가 불가능하거나 안전에 심각한 위험을 초래하는데도 자연 재료를 고집할 수는 없는 일이다. 건물은 인간에게 유용해야 하므로 재료를 어느 정도 변형해 사용하는 융통성을 발휘해야 한다는 뜻이다.[9]

한옥이 다소 불편하기는 하지만, 오히려 남다르게 아늑하다는 사람도 많다. 이 말은 상당히 모순적으로 들린다. 과거 초가집에 살았던 민초들은 '고래 등 같은 기와집'이라고 했고 이는 양반집이 위압적으로 보인다는 말이다. 그런데도 아늑하다는 말은 밖에서 보는 것과 안에서 사는 것 사이에 차이가 있다는 뜻이다. 그 비밀은 바로 휴먼 스케일에 있다.

휴먼 스케일이란 말 그대로 인간에게 맞춘 규모라는 뜻이다. 집은 큰데 공간이 아늑하다는 말은 집을 작은 단위로 나누었다는 뜻이다. 물론 무작정 작게 나누었다고 휴먼 스케일은 아니다. 작게 나눈 요소가 사람의 동작에 맞아야 한다. 간략하게 말해서 건축 부재를 자르고 공간을 짤 때 사람의 몸을 기준으로 크기를 정하고 구조를 조합하는 것이다.

건축에서 스케일은 '상대적 비율'이다. 3차원으로 이루어지는 공간 내에서 세 방향의 크기가 상식적 범위 내에서 적절한 비율로 어울리는 범위, 혹은 그렇게 정해지는 상대적 치수라는 뜻이다.

예를 들어 한 평, 즉 3.3제곱미터는 어디를 설명하느냐에 따라 의미가 달라진다. 대형 건물이나 광장에서 다섯 평, 즉 16.5제곱미터 정도는 큰 차이가 없는 작은 면적이다. 이집트의 피라미드와 비교한다면 더욱 의미 없는 크기에 불과하다. 그러나 화장실이 이 정도 크기라면 만만치 않은 면적이다.

휴먼 스케일의 '상대적 비율'과 '적절한 어울림'에서 중요한 것은 사람의 몸이다. 사람의 몸으로 크기를 결정할 때 휴먼 스케일이 된다. 휴먼 스케일이 중요한 이유를 다음과 같이 설명할 수 있다.

첫째, 사람은 건물 속에 놓였을 때 자신의 몸을 기준으로 주변 환경을 파악한다. 한옥이 아늑한 이유는 담, 벽, 중문, 창문, 퇴, 기단 등이 몸의 크기 내에 들어 있기 때문이다. 이런 공간 개념을 적용해야 거주하는 사람이 존재감과 정체성을 잃지 않고 주인으로 남을 수 있다.

둘째, 휴먼 스케일을 갖추어야 공간과 사람 사이에 상호 교감이

가능해진다. 한옥에서 일반적으로 문은 사람 키 정도의 높이다. 문지방 역시 무릎을 한 번 구부리면 넘기에 적합하다. 문의 높이가 낮은 것은 무릎을 기준으로 해서 그렇지 선조들의 키가 작아서 그런 것이 아님을 이해할 필요가 있다.

첫째와 둘째 단계를 적절히 조합하면 아늑한 집이 될 수 있다. 한옥에서 휴먼 스케일을 느낄 수 있는 세부적인 면을 살펴보자.

우선 방부터 인간적이다. 99칸 집이라고 해도 정작 방들은 크지 않다. 큰 집의 경우도 안방이 10제곱미터 정도에 지나지 않는다. 요즘 집의 기준으로 보면 매우 작게 느껴진다. 방이 이렇게 작은 이유는 기후 때문이기도 하지만 사람을 감싸는 범위를 넘지 않게 만드는 것이 효율적이라고 생각했기 때문이다.

퇴도 무릎 높이를 고려해 걸터앉기에 알맞다. 창문은 몸통만 한 것에서 조금 넘는 것도 있지만 이 역시 몸 크기를 떠나지 않는다. 기단도 마찬가지다. 지붕 높이가 높더라도 기단은 세 단 정도라 사람 허리를 넘는 경우는 좀처럼 없다. 계단도 많아야 두세 단으로 네 단을 넘는 경우는 예외적이다. 댓돌도 떡 덩어리 하나 정도다. 그러므로 사람들은 한걸음에 성큼 방 안이나 대청까지 오를 수 있었다. 사용하는 이를 위압하거나 힘들게 하지 않았던 것이다.

한옥의 휴먼 스케일을 단적으로 보여주는 것은 대청 천장은 높고 방 천장은 낮다는 사실이다. 이것은 우리 선조들이 스케일의 원리를 잘 알고 있었다는 것을 의미한다. 방이 넓으면 천장도 따라 높아야 하고 반대로 방이 좁으면 천장이 낮아야 한다는 것이다.

궁궐이나 큰 저택이라고 하더라도 한옥 방의 낮은 천장 높이를 보고 놀라는 사람이 많다. 하지만 이는 방을 높게 할 수 없어서가 아니라 한국인들의 좌식 문화에 방 높이를 연계했기 때문이다. 2미터 안팎이면 섰을 때는 낮게 느껴지지만 앉아 있을 때는 아늑한 집이 되기에 적합하다. 키가 큰 사람의

거주자의 몸, 거주자의 동선을 중심에 둔 한옥은 요즘 아파트와 대비된다.

경우 섰을 때 머리가 천장에 닿는 경우도 있다. 그러나 좌식 생활에서는 실내 생활 대부분을 앉아 있으므로 천장이 낮아서 불편한 경우는 거의 없다. 오히려 겨울에 햇빛과 온돌의 난방 효과를 높이기에는 낮은 천장이 좋다. 낮은 천장이 주는 아늑한 매력은 한옥이 갖는 신비로운 특징이라 할 수 있다.

방의 크기가 다를 경우 천장의 높이가 다른 것은 기본이다. 그러

나 방의 크기가 크게 다르지 않으면 대체적으로 천장 높이가 같다. 한 채 내에서 천장 높이가 다르면 건축하기도 어렵고 사후 관리도 까다롭다. 물론 천장을 다르게 막는 직접적인 방법이 있는데 낮은 천장 쪽에 다락방 같은 것을 두는 것이다.

한옥의 휴먼 스케일은 요즘 아파트와 대비된다. 스케일에서 볼 때 아파트는 두 가지 점에서 문제가 있다. 하나는 좌식 생활을 하기에 천장이 높다는 점이고, 하나는 넓은 거실과 작은 방을 동일한 높이의 천장으로 구성했다는 점이다. 아파트를 설계할 때 천장의 높이를 먼저 정한 뒤 다른 방의 천장도 맞추다보니 생기는 현상이다.

이 경우 거실은 크게 문제될 것이 없지만 문제는 방이다. 거실과 같은 천장 높이는 방에는 너무 높다. 입식 생활에도 다소 높으며 좌식 생활인 경우 더욱 높게 느껴진다. 물론 많은 방에 책상, 침대, 소파 등을 놓고 입식 생활을 하지만 한국인의 경우 좌식이 기본적인 생활 방식이다. 아파트의 천장 높이 때문에 정서적으로 안정감을 느끼지 못하는 사람들이 밖으로 나가고 싶어 하는 이유다.

조선 시대 선비들은 집을 지을 때 허와 실을 구별해 세부를 결정했다. 허는 다섯 가지, 실은 네 가지이며 허는 다음과 같다.

① 집은 큰데 사람이 적은 것.
② 문은 큰데 방이 작은 것.

③ 대지는 넓은데 집이 작은 것.

④ 우물 위치가 제자리에 있지 않은 것.

⑤ 담이 고르지 못한 것

반면 실은 다음과 같다.

① 커다란 집과 아담한 문.

② 집과 어울리는 담.

③ 물이 잘 흐를 것.

④ 제자리에 있는 우물.

아홉 가지 중 스케일에 관한 것이 다섯 가지다. 우리 선조들이 집에서 스케일을 얼마나 중요하게 여겼는지 알 수 있는 대목이다.

정리해 설명하면 선조들은 한옥을 지을 때 대지, 집, 사람, 방, 문을 건축의 주요소로 생각해 이들 간의 비율을 가장 먼저 고려했다. 대지와 집 사이, 집과 사람 사이, 방과 문 사이, 집과 문 사이, 담과 집 사이 등을 적절한 비례에 따라 구성한 것이다.

휴먼 스케일을 또 다른 관점에서 설명한다면 자기 분수를 아는 균형을 바탕으로 남과 어울릴 줄 아는 조화다. 한국이 국시로 삼은 유교는 균형과 조화를 예의 출발로 보았으며 이는 선비의 절제에서 완성된다. 휴먼 스케일은 예를 집에서 지키려는 척도라 볼 수 있다. 이를 깨고 과욕을 부리면 단순히 집의 문제에 그치지 않고 집안의 흥망성쇠가 달라진다고 생각했다. 아늑하다는 생각 자체가 사회적 가치와도 연계된다는 뜻이다.

마당도 마찬가지다. 한옥의 마당은 아담한 것이 특징이다. 곡식을 정리하고 잔치를 여는 등 용도가 많으므로 빈 공간을 기본으로 했다. 『임원경제지』에서 마당의 역할을 지적한 부분을 보자.

"ㅁ자형 집의 안은 안마당인데 마당이 협착한 데다 지붕의 그늘이 서로 드리워진 까닭에 곡식이나 과실을 말리는 데 모두 불편하다."

실용적인 기능에만 초점을 맞추면 마당이 지나치게 커질 수 있는데, 한옥에서는 위에 설명하는 덕목을 적용해 마당을 저장 공간 같은 기능적 측면으로만 바라보지 않았다. 건물과 잘 어울리는 스케일로 만든 것이다. 한옥이 남다르게 아늑한 이유는 이처럼 건물에만 국한하지 않고 마당 등 2차 공간과도 긴밀하게 연계된 휴먼 스케일을 적용했기 때문이다.[10]

또한 한옥의 두드러진 특징은 정원을 인공적으로 조성하지 않는다는 점이다. 정원의 효용도보다 마당의 효용도가 크기 때문이다. 또한 집 안에 큰 나무가 들어서는 것을 꺼렸다. 마당에 잘 자라는 나무를 심을 경우 뿌리에 돌을 박아 성장을 억제했을 정도다.[11] 그러나 한국인이라 해서 정원이 갖는 의미를 모를 리는 없다. 조정송은 한옥의 정원에 대해 다음과 같이 설명했다.

"빼어난 자연 가운데에서 의미를 부여할 수 있고 가치를 느낄 수 있는 곳을 선택해, 그것을 관조하는 데 불편이 없고 자연과 잘 어울리는 약간의 건축물과 시설을 덧붙이는 정도에서 우리나라의 정원이 이루어지고 있다. 그러므로 한국 정원의 개념은, 산수 형국에 어떤 의미를 부여하고 선택하는 자연 경관의 아름다움을 완상하기 위한 매개 공간으로 이해되어야 한다. 내부 공간을 어떻게 꾸미느냐의 문제보다 어떠한 곳에 자리 잡느냐의 터 잡기가 정원의 본질을 이룬다."

마을 전체가 정원 기능을 하므로 굳이 한옥에 독립적인 정원을 조성하지 않아도 된다는 뜻이다. 그렇다고 한옥에서 전혀 정원을 발견할 수 없는 것은 아니다. 일반적으로 영남이나 충청도 지방의 반가에서는 주택 내에 정원을 꾸미지 않지만 외암마을에서는 많은 집이 정원을 갖고 있다. 유명한 소쇄원이나 명옥헌, 운림산방 등도 별서(농사짓는 별장)를 만들면서 정원을 꾸몄다. 이는 한국인이 어떤 틀에서만 움직이는 것이 아니라, 자유로운 선택을 하며 정원 만들기에 주저하지 않았다는 것을 보여준다.[12]

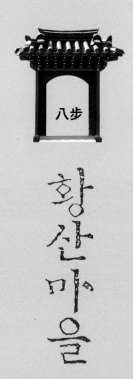

八步

황산마을

황산마을

+

경남 거창군 위천면

　　개평마을에서 황산마을로 가는 길에는 가로수로 배롱나무가 줄이어 있으며 꽃이 만개했을 때의 모습은 아름다움 그 자체이므로 꼭한번 달려보길 권한다. 자동차로 찾아갈 때 내비게이션 등으로 검색이 잘되지 않으면 '수승대'라고 쳐보기 바란다. 황산마을은 대한민국명승 제53호로 지정된 수승대와 길 건너에 있는 황산마을을 아우르기때문이다. 과거에 황산마을은 오지 중의 오지로 '울면서 들어가서 울면서 나오는 곳'이라는 말이 전해질 만큼 산세가 험한 덕유산 줄기에자리 잡고 있다.

　　거창은 예부터 거열, 거타, 한들, 거창, 아림, 제창 등으로 불렸다.

수승대는 그 자체가 황산마을
이라고 할 정도로 마을과 인
연이 깊다.

거창이라는 이름은 신라 경덕왕 16년(757)에 처음 불린 후 주변 영역과 분할, 합병되면서 여러 지명으로 불려오다가 오늘에 이르고 있다.[1] '크고 넓은 들판'이라는 뜻인데 분지가 내륙 산악 지대에서 보기 드문 평야이므로 생긴 이름이다. 지금도 거창평야의 일부를 한들이라 부르는데 대전의 한밭大田, 한길大路과 마찬가지로 큰 들판이라는 뜻이다. 사과, 딸기, 포도, 쌀, 수박, 버섯, 오미자, 밤, 양파, 배추, 무 등이 특산물로 생산되며 이중환은 『택리지』에서 "거창은 땅이 기름지다"라고 했다.

실개천을 중심으로 동쪽을 '동녘(황산 2구)'이라 부르고 서쪽은 '큰땀(황산 1구)'이라고 한다. 동녘과 큰땀을 합쳐 약 150여 호가 있는 마을이며 큰땀은 거창 신씨 130여 명이 거주하고 있는 동족 마을, 즉 집성촌이다. 거창 신씨의 시조인 신수는 중국인으로 고려 문종 때 귀

화해 참지정사를 지냈고 그의 아들 신안지가 병부상서를 역임한 이래 후손들이 거창에 살면서 이곳을 본관으로 삼았다. 그러다 신승선 (1436~1502)이 이조참판이 되고 세종의 넷째아들 임영대군의 딸과 결혼하면서 명문으로 부각하기 시작했다. 이후 그의 딸은 연산군의 부인이 되었고 그의 아들인 신수근(1450~1506)의 딸은 중종의 왕비인 단경왕후가 되어 최고의 영예를 누렸다.

신 씨의 영광은 거창에도 미쳐 연산군은 거창이 왕비의 관향이라며 현에서 군으로 승격했다. 하지만 이후 중종반정이 일어나 단경왕후는 폐비가 되었고, 거창은 다시 현으로 강등되는 등 우여곡절을 겪는다. 그러다 황산마을이 본격적으로 신씨의 집성촌으로 자리매김하는 것은 중종 35년(1540) 요수 신권(1501~1573)이 이곳에 은거하며 구연재를 세우고 후학들을 양성한 이후부터다.

신권은 거창의 거유인 갈천 임훈의 매부이기도 한데 소년 시절 한양에서 공부하다 "벼슬은 사람으로부터 받는 것이고 자아는 하늘로부터 받는 것이다. 나는 안빈낙도하면서 오로지 인격 수양에 힘쓰겠다"라며 황산마을로 내려왔다고 한다.

사림은 1573년 신권이 죽자 구연재를 구연서원으로 개칭하고, 석곡 성팽년과 함께 배향했다. 이후 황산마을은 18세기 중엽 조선 영조 때 노론계 학자인 황고 신수이가 입향하면서 번창했고 신수이 역시 구연서원에 배향되었다.

입지는 대체로 평탄하며 주택들은 햇빛을 잘 받는 남동향을 바라보도록 건축되었다. 대부분 구한말과 일제 강점기에 건설되어 당시의 건축 양식을 잘 보여주며, 마을 전체가 기와집으로 무리지어 있는 이유는 이른바 씨족 부농으로 소작 마을을 별도로 두었기 때문이다.

소작이란 토지 소유자가 자신의 토지를 직접 경작하지 않고 토지 이용권을 일정 조건에 임대인에게 빌려줘 토지 이용 대가, 즉 지대를 받는 것이다. 조선 시대의 경우 왕실, 양반 관리, 사찰 등 대지주나 향촌의 사대부, 향리 등이 농장을 개설하고 노비나 일반 농민을 모집해 운영했고 소규모 토지 단위로 행해지기도 했다. 보통 '병작반수제'라 해 농산물의 50퍼센트를 거두어 갔다. 우리나라뿐만 아니라 세계적인 현상이다. 큰 틀에서 큰땀에는 양반, 개울 건너 동녘에는 소작인이 주로 살았다고 추정한다. 그러므로 전통 마을이라 함은 큰땀을 의미한다.

큰땀의 명성은 마을의 돌담길로도 알 수 있다. 길이는 약 1.2킬로미터에 이르고 고유의 아름다움을 간직하고 있어 2006년 대한민국 등록 문화재 제259호로 지정되었고, '전국의 아름다운 돌담길 10선' 중 한 곳으로 뽑혔다. 600여 년 전부터 형성된 양식 그대로임이 높게 평가된 것이다.

대부분의 전통 마을과 같이 토석 담으로, 흙과 돌을 이용하는 황토색 짙은 담장이다. 자연석과 진흙을 개어 굳혔으며 하부는 방형에 가까운 자연석을 사용하되 진흙으로 메우지 않고 메쌓기 방식으로 했다. 메쌓기는 찰쌓기에 반대되는 말로 건성쌓기라고도 하며, 돌 면을 잘 맞추어 빈틈없이 쌓는 것이 아니라 대충 빈 곳을 두어 가며 쌓는 것이다. 메쌓기 한 위에는 하부의 돌보다 작은 20센티미터 내외의 돌을 담 안팎에 사용해 진흙과 교대로 쌓았다.

하단부에 큰 돌을 쌓은 이유는 두 가지 이유에서다. 하나는 마당 내에 고이는 물의 배출을 위해서이고, 다른 하나는 빗물에 진흙이 떨어

져나가는 것을 예방하기 위해서다. 대부분의 담장 상부에 한식 기와를
얹은 것도 빗물에 의해 진흙이 흘러내리는 것을 방지하려는 것이다.

현장을 직접 방문해보면 한 가지 흥미로운 점을 발견할 수 있다.
토속적인 담과 근대 작품인 도로의 바닥 재료가 미관상 충돌하지 않
는다는 것이다. 이는 도로의 바닥 재료를 신중하게 선택했다는 뜻도
되지만 한국의 재래식 토석 담이 각종 이질적인 재료와 잘 어울린다
는 것을 의미하기도 한다.

황산마을은 여러 면에서 파격적인 면이 보인다. 그중 마을 입구
에서 약 100미터 거리에 있는 시한당 앞의 연못은 여느 한옥 마을에
서는 볼 수 없는 특수한 형태를 갖고 있다. 한국 전통의 연못은 방지원

도형方池圓島形인데 이 연못은 원지방도형圓池方島形이다. 풍수 등의 영향을 받은 전통 연못이 아닌 것이다. 이는 한국인들이 편협한 격식에만 얽매여 있지 않았다는 좋은 예다.

황산마을에 들어서면 오른쪽에 보이는 것이 수령 약 600년, 높이 18미터, 폭 7.3미터의 느티나무다. 전통 마을에 당연히 있어야 할 존재로 안정좌 나무라고도 부르며 황산마을의 신목이라 할 수 있다.

느티나무를 보면서 왼쪽의 개울 길을 따라가면 곧바로 아름다운 담이 계속 이어지는 큰땀이 나타난다. 신씨 씨족들의 기와집들이 줄

신씨고가는 규모와 장식, 가구 구성이 전통 한옥과 상당히 달라 다른 세계에 온 것처럼 느껴진다.

을 이어 있는데 거의 모든 집이 안채와 사랑채를 갖추고 있을 정도로
위세가 대단하다. 한 지역에 이처럼 기와집이 밀집한 곳은 거의 없으
며 그중에서도 경상남도 민속자료 제17호인 황산 신씨고가는 단연 돋
보인다.

　집주인은 당대의 마을에서 독보적인 재산가였으며 집의 규모도
규모지만 장식이나 가구 구성 등이 한국의 전통 한옥이 갖고 있는 규
범과 상당히 다르다. 다른 지역의 한옥을 보다가 이 건물을 보면 다른
세계에 온 것처럼 느껴진다. 평면은 안채, 사랑채, 중문채, 곳간채, 솟
을대문, 후문 등으로 구성되어 있다.

　사랑채와 안채는 경남 지방의 일반적인 주택 양식인 홑집 대신에
겹집의 팔작지붕으로 집주인의 부와 권위를 나타낸다. 우선 사랑채는
궁궐이나 사찰에서 볼 수 있는 고급스러운 목재와 장식물로 꾸몄다.
잘 다듬어진 커다란 돌로 쌓은 기단도 장대하다. 더구나 받침돌과 기
둥을 받친 주춧돌 위에 설치한 주좌 등은 조선 중기 이전에는 고관의
집이라 할지라도 함부로 사용할 수 없었다. 그런데도 이 집에는 번듯
하게 설치되어 있다.

　외형만 보더라도 보통 수준의 재력가가 건설한 것이 아님을 알
수 있지만 그보다 놀라운 것은 세세한 부분에서의 정교함이다. 이는
건축주가 재주가 좋은 명장을 발굴해 기술을 마음껏 발휘할 수 있도
록 유·무형으로 지원했다는 것을 의미한다. 특히 창호의 문틀과 창
살의 미려함이 방문자들을 놀라게 하는데, 아무리 재력이 풍부한 사
대부가 주문했다고 할지라도 뛰어난 장인이 아니었다면 만들 수 없는
탁월함이 배어 있다. 고객과 기술자의 절묘한 조화가 없었다면 결코

신씨고가에서 놀라운 것은 뛰어난 장인이 만들었을 것으로 추정되는 세세한 부분의 정교함이다.

태어나지 않았을 정도의 걸작이다.

신씨고가는 전통 한옥에서는 볼 수 없는 파격적인 요소를 많이 갖고 있다. 건축 시기가 1927년이기 때문이기도 하지만 격식의 해체와 실용성이 강조되었기 때문이다. 안채의 경우 방을 늘리기 위해 대청을 좁혔으며 집 안에 화장실을 설치했다. 화장실은 돌계단으로 올라가도록 높이를 높여서 측면에서 변의 처리를 원활하게 하도록 만들었다. 건물 중에서도 안채 옆에 화장실이 있다는 것이야말로 전통 한옥의 격식에서 얼마나 벗어난 것인지 알 수 있다. 일반적으로 사랑채의 화장실은 집 밖에 두고 안채의 화장실은 집 안에 두더라도 안채 밖에 별도로 설치했다. 그런 면에서 신씨고가가 얼마나 시대적으로 앞서 있었는지 알 수 있다.

　　안채를 둘러싼 부속 건물들도 크고 화려하게 치장했다. 안채의
중심을 이루는 사랑 마당에는 전통 한옥에서는 보기 드문 작은 정원
을 만들었다. 이곳에 작은 나무들을 심었는데 한옥의 기본과 배리되
는 일이다. 또한 사랑채에 설치하던 누마루를 안채에도 설치해 실용
성을 우선으로 했으며 난간의 형태 역시 파격적이다. 닭다리를 닮은
계자 다리는 띠쇠*로 난간과 함께 보강했다.

＊ 띠쇠
나무 구조물에 꺾어 대거나
휘어 감아서 두 부재가 벌어
지지 않게 하는 좁고 긴 철판.

　　이 같은 건물은 집주인이 아무리 경제력이 풍부했더라도 나라를
빼앗기고 전통이 해체되는 시기가 아니었다면 짓기 어려웠을 것이다.
즉 일제 강점기 시대에 현대화에 따른 격식의 해체, 실용성과 과시, 심
화된 경제적 계층화가 복합적으로 반영되어 남다른 대갓집이 태어날
수 있었던 것이다.

　　그러면서도 이 집이 남다른 것은 건물 뒤에 있는 굴뚝의 높이를
매우 낮게 만들었다는 점이다. 종갓집 며느리인 박정자는 그 이유를
이렇게 이야기한다. 흉년이 들면 마을 전체가 궁핍하기 마련인데 대
갓집 굴뚝에서 불 피우는 연기가 나면 위화감이 조성될 것이라 생각
해 굴뚝의 높이를 낮추었다는 것이다. 조선 시대의 거부들에게도 남
다른 고민과 스트레스가 있었던 것이다.

　　오른쪽의 동녘은 가랍집 등이 기본으로 기와집과는 전혀 다른 모
습이었다. 하지만 새마을 운동의 영향 등을 받아 서서히 현대 마을로
탈바꿈했고 근래에는 완전히 새로운 마을로 태어났다. 문화체육관광
부가 실시한 '2011 마을 미술 프로젝트'에서 우수한 성적으로 채택되
어 마을 벽화를 조성했기 때문이다. 2006년부터 정부의 공공 미술 프

신씨고가가 남다른 이유는 굴뚝의 높이를
매우 낮게 만들었다는 점이다.

로젝트가 시행되어 전국적으로 60여 곳의 벽화 마을이 생겨났다. 황
산마을은 거창군과 한국미술협회 거창지부 회원들이 주가 되어 벽화
의 수준이 상당히 높은 것이 특징이다.

큰담에서 짧은 개울 다리를 건너면 동녘 초입의 첫 집에 거창의
유명한 특산물인 거창 사과가 탐스럽게 그려져 있다. 마을회관 앞 왼
쪽 벽에는 자작나무들이 그려져 있는데 여기에는 남다른 의미가 있다.

추운 기후에 잘 자라는 자작나무는 높이가 20미터에 달하고 나무
껍질은 흰색이며 옆으로 얇게 벗겨진다. 작은 가지는 자줏빛을 띤 갈
색이며 지점*이 있다. 잎은 어긋나고 삼각형 달걀 모양이며 가장자리
에 불규칙한 톱니가 있다. 뒷면에는 지점과 더불어 맥액에 털이 있다.
나무껍질이 아름다워 정원수, 가로수, 조림수로 심는다. 목재로 가구
를 만드는 것은 물론 종이를 대신해 불경을 새기거나 그림을 그리기
도 했다. 큐틴**이라는 방부제가 다른 나무보다 많이 들어 있어 잘 썩
지 않고 곰팡이도 잘 피지 않기 때문이다.

한국의 대표적인 유물인 천마총의 〈천마도〉도 자작나무로 만들
었으며, 기원전 1~2세기경에 제작된 것으로 보이는, 세계에서 가장
오래된 불경 역시 자작나무로 만든 것이다.

자작나무에는 물도 잘 스며들지 않는다. 아메리카 인디언들은 이
점을 이용해 카누(배)에 자작나무 껍질을 바른 다음 나무 진으로 방수
처리하기도 했다. 러시아에서는 자작나무 껍질에서 기름을 짜내 가죽
가공에 쓰는데, 이 가죽으로 책 표지를 만들면 곰팡이가 생기거나 좀
이 슬지 않는다고 한다.[2] 한방에서는 나무껍질을 백화피라고 해 이뇨,
진통, 해열을 다스리는 데 썼다.

* 지점(皮點)
수직선이나 사선의 밑점.

** 큐틴(cutin)
식물의 각피 주성분. 지방 모
양과 납 모양의 물질로 표면
을 보호하는 구실을 한다. 물
에 녹지 않으며 산에도 잘 견
딘다.

　고대인은 자작나무의 눈처럼 생긴 모양에 신통력이 깃들어 있다고 여겼다. 자작나무가 모든 것을 보고 있다고 생각한 것이다. 그래서 자작나무를 중요한 곳에 의도적으로 심었는데, 가장 유명한 일화는 중국의 둔황 주위에 있는 자작나무다. 이 나무가 둔황에서 일어나는 모든 일을 보고 있으니 도둑질 등은 엄두도 내지 말라는 뜻이다. 중국에서는 둔황에 있는 많은 석굴들이 지금까지 보존된 이유가 자작나무의 효력 때문이라고 믿기도 한다.[3] 황산마을 초입에 그려진 자작나무도 '여기에서 나쁜 짓은 할 수 없다'는 의미를 담고 있는지도 모른다.

　벽화 자체는 얼마 되지 않지만 내용은 다양하다. 이어서 황산마을과 연계되는 수승대와 요수정을 사실적으로 그린 그림이 나타난다. 농촌의 상징인 힘센 소가 담장을 뚫고 나오는 그림은 사람들을 놀라게 하며, 돌담에 예쁜 꽃들이 피어나고 나비가 날아다니기도 한다. 외출한 주인을 기다리는 강아지 두 마리가 목을 빼고 내다보는 그림도 정겹게 다가온다.

　벽화 재료가 다양하다는 점도 보는 사람을 즐겁게 한다. 대부분 페인트로 그렸지만 타일로 사계절 내내 지지 않는 아름다운 꽃과 대나무 등을 만든 것은 물론, 거창의 또 다른 자랑거리인 대리석을 이용해 잠자리를 붙여놓기도 했다. 벽화만 있는 것은 아니다. 이웃집 남매 모습의 조각을 담 안에 설치해 동심을 유발한다. 옛날 시골 마을의 정겨운 생활을 그린 풍속도도 펼쳐져 있고 좌청룡, 우백호, 남주작, 북현무를 의미하는 사신도도 있다.

　통영, 울산 등 많은 곳에 벽화마을이 있지만 황산의 경우 수백 년을 이어온 전통과 조화를 이룬 예술성으로 더 후한 점수를 받았다. 아

황산마을의 벽화들은 수백 년
간 이어온 전통과 조화를 이
룬 예술성이 뛰어나다는 것이
특징이다.

쉬운 것은 벽화들이 골목 하나만을 차지하고 있어 감상 경로가 짧다는 점이다. 더구나 외부 벽화의 문제점은 페인트로 그렸을 때 3~5년 안에 퇴화한다는 점이다. 현재 많은 마을에서 우후죽순 격으로 벽화 그리기에 주력하고 있는데, 퇴화에 관한 대비책도 병행해야 한다는 전문가들의 지적을 받아들여야 한다.

황산마을의 진수는 도로 맞은편에 있는 수승대에서 찾아볼 수 있다. 수승대는 그 자체가 황산마을이라고 할 정도로 황산마을과 인연이 깊다. 이 때문에 전통마을 답사에도 반드시 포함되며 지금은 '수승대국민관광지'로 개발되어 매년 수많은 관광객이 찾아오는 명소가 되었다.

황산마을에서 나오면 바로 앞에 수승대국민관광지가 있다. 위락 시설을 지나 오른쪽으로 몇백 미터 가면 관수루가 보이는데, 자연 그대로의 굴곡을 살린 나무 기둥이 천연의 정취를 느끼게 한다.

관수루는 구연서원의 문루이며, 구연서원은 황산마을의 입향조인 요수 신권, 석곡 성팽년, 황고 신수이를 배향하기 위해 영조 16년(1740) 건립한 서원이다. 관수는 『맹자』에 나오는 "물을 보는 데 방법이 있으니 반드시 그 물의 흐름을 봐야 한다. 흐르는 물은 웅덩이를 채우지 않고는 다음으로 흐르지 않는다"라는 문구에서 인용한 것이다. 군자의 학문은 이와 같아야 한다는 뜻을 담고 있다.

누각은 군현의 관아 소재지에서 경치가 수려한 곳을 골라 지었다. 고을 현감이나 중앙 관리가 일정한 날을 선택해 인근 선비들을 불러 시회나 연회를 열기도 했고, 평소에는 고을 사람들이 올라 쉬거나

구연서원의 문루인 관수루. 자연 그대로의 굴곡을 살린 나무 기둥에서 천연의 정취를 느낄 수 있다.

더위를 피하기도 했다. 고을을 상징하는 대표적인 건물이기 때문에 사찰 대웅전 앞이나 향교와 서원의 입구에 세워 건물의 격을 높이는 역할도 한다.

　관수루는 정면 3칸, 측면 2칸에 계자 난간 팔작지붕이다. 커다란 거북이 형상을 한 자연석 위에 세운 활주*와, 휘어지고 굽어 용트림하는 형태의 기둥을 사용한 게 특징이다. 관아 건물임에도 휘어진 기둥을 사용한 것은 자연과의 조화를 꾀하기 위한 것으로 추정된다.

＊ 활주
무엇을 받치거나 버티는 데 쓰는 굽은 기둥.

　관수루 뒤에 있는 구연서원에서는 매년 거창의 자랑인 '거창국제연극제'가 열린다. 구연서원 왼쪽에는 거북 모양의 특이한 바위가 있는데, 이것이 바로 수승대다.

　수승대는 덕유산에서 발원한 갈천이 위천으로 모이면서 빚어놓은 커다란 천연 바위 대다. 높이는 약 10미터, 넓이는 50제곱미터에 이르며 생김새가 마치 거북 같아 구연대 또는 암구대라고도 한다.

수승대는 원래 '수송대'라고 불렸다. 백제 국세가 쇠약해져 멸망할 무렵, 백제 사신을 이곳에서 송별하면 돌아오지 못함을 슬퍼해 '근심 어린 송별'이란 뜻의 이름을 붙인 것이다.

그런데 1543년 퇴계 이황이 이곳 내력을 듣고 "이름이 아름답지 못하고 수송과 수승이 소리가 같으므로 '수승'으로 고칠 것"을 권해 이름이 바뀌었다. 또 이황은 「사율시」를 지어 신권에게 보냈는데 그 시가 바위 둘레에 새겨져 있다.

"수송을 수승이라 새롭게 이름하노니

봄을 만난 경치 더욱 아름답구나.

먼 산의 꽃들은 피어나려고 하고

응달의 골짜기에 잔설이 보이누나.

수승대를 찾아 구경하지 못했으니

수승을 그리는 마음 더욱 간절하다.

언젠가 한 두루미 술을 가지고

수승의 절경을 만끽하리라."

수승대 앞 너럭바위에는 '연반석硯磐石'과 '세필짐洗筆洠'이라는 글자가 새겨져 있다. 연반석은 거북이가 입을 벌린 장주암에 앉은 스승 앞에서 제자들이 벼루를 갈던 바위란 뜻이고, 세필짐은 수업을 마친 제자들이 졸졸 흐르는 물에 붓을 씻던 자리라는 의미다. 바위 한쪽에는 오목한 모양의 웅덩이인 장주갑이 있다. 이곳에 막걸리를 한 말 넣었다가 스승의 물음에 대답하면 막걸리 한 사발씩을 받아먹었다고 전해진다.

구연교를 지나면 요수 신권이 풍류를 즐기며 제자를 가르친 요수정이 보인다. 정면 3칸, 측면 2칸 규모로 자연 암반을 그대로 초석으로 이용했다. 정자 마루는 우물마루 형식이고 사방에 계자 난간을 둘렀다. 마룻보가 있는 5량가로 가구의 짜임이 건실하고 네 곳의 추녀에

수승대는 커다란 천연 바위대로, 생김새가 마치 거북 같아 구연대 또는 암구대라고도 한다.

정연한 부채살 형식의 서까래를 배치했다. 세부 장식의 격조가 높으며 양반을 위한 정자 양식이 잘 반영되어 있다. 특히 추운 산간 지역의 기후를 고려해 정자 내부에 방을 놓기도 하는 등 지역적 특성을 고려한 거창의 대표 건축물이다.

여름철 수승대교 아래는 야외 수영장으로 바뀐다. 봄에서 가을까지는 오리 배와 보트를 탈 수 있는 유선장을 운영하며 사계절 썰매장도 가동한다. 마을에서는 약 10여 가구가 민박을 운영해 옛 선조들의 주거 생활을 체험할 수 있다.[4]

황산마을은 덕유산, 가야산, 지리산과 가깝고, 근처에는 신라 때 의상대사와 원효대사가 영취사의 부속 암자로 지은 송계사와 송계사 계곡, 거창조각공원, 금원산 자연휴양림, 월성계곡, 거창박물관, 화계사, 쌍계사 계곡 등의 관광지가 있다.[5] ※

九步

한개마을

한개마을

✚

경북 성주군 월항면

　황산마을의 벽화와 수승대 등을 한껏 맛본 후 한개마을로 향한
다. 이곳은 2007년 전국에서 7번째로 지정된 중요 민속자료 제255호
다. 전통 마을의 한식 기와와 초가, 변형 가옥 등 75채의 가옥이 짜임
새 있게 배치되었으며, 경상북도 문화재로 지정된 10동의 건축물이
있을 정도로 한국의 미가 듬뿍 담긴 곳이다.

　한개마을의 한자 이름은 대포리大浦里인데 '큰 개' 대신 '한 개'라
고 부르며 여기서 '개'는 포구라는 뜻의 순우리말이다. 그러므로 '한
개'란 마을 이름은 예전에 큰 개울 또는 나루가 있었다 해서 붙여진 이
름이다.

■
한개마을은 마을 앞으로 백천
이 흐르고, 마을 뒤로 영취산
이 뻗어 있어 영남 제일의 길
지라고 불린다.

　한개마을은 풍수지리에 따른 전형적인 배산임수의 입지 원칙을
따르고 있다. 마을 앞으로 낙동강 지류인 백천이 서에서 동으로 흐르
고, 마을 뒤로 영취산 줄기가 마을을 감싸듯 뻗어 있다. 때문에 영남
제일의 길지라고 불린다.

　마을 중심에서 800미터 떨어진 곳에 높이 약 70미터의 안산이 있
는데, 주산에 비교해 너무 크거나 작지도 않다. 영취산 산자락 해발
40~70미터 범위에 서남쪽으로 마을과 집들이 향하며 남에서 북으로
차차 올라가는 전저후고 모양을 하고 있다.[1]

한개마을은 조선 세종 때 성산 이씨인 이우가 처음 입향해 개척한 집성 마을이다. 이우는 세종 때 진주 목사와 경기좌도수군첨절제사 등을 지낸 인물이다. 성산 이씨가 본격적으로 역사에 등장한 시기는 이우의 6대손이며 퇴계의 직계 제자인 월봉 이정현이 과거에 급제한 이후다.

월봉은 홍문관정자에 임명됐으나 안타깝게도 그해에 26세 나이로 요절한다. 월봉에게는 외아들 수성이 있었는데, 그가 아들을 넷 두었고 이들이 모두 마을에 정착해 성산 이씨 각 파의 시조가 됐다.

이들 후손이 씨족 마을을 형성한 한개마을은 17세기 중엽인 이수성 때부터 시작되었다고 해도 과언이 아니다. 이후 한개마을에서 대과 급제자 9명과 소과 급제자 24명을 배출해 조선의 양반 마을로서 위상을 갖춘다.

꼿꼿하고 강직한 한개마을 선비들의 이야기는 놀랍다. 돈재 이석문은 영조 38년(1762) 나이 50세 때 무겸(무신 겸 선전관)으로 봉직하고 있었다. 그런데 영조가 아들 사도세자가 갇혀 있는 뒤주에 돌을 올려놓으라고 명령하자 그는 어명을 거절했다. 그리고 당시 세손이었던 정조를 업고 들어가 영조에게 직언하다가 곤장을 맞고 파직될 정도로 기개를 보였다.

한주종택을 중건한 한주 이진상은 소과에 합격해 성균관 생원이 되었다. 그러나 혼탁한 세상에서 벼슬하기를 포기하고 근세 유학 3대가로 불리는 대학자로 성장한다. 중앙 정부는 그의 명성이 높아지자 유일*로 의금부 도사를 내렸다. 그러나 당시 67세이던 그는 이마저도 거절했다.

＊ 유일(遺逸)
초야에 묻혀 있는 선비로서 학식과 인품을 갖추고 있으면서 세상에 알려지지 않은 경우 이들을 과거 시험 없이 발탁하는 인재 등용 방법.

　이 같은 기질이 이어져 일제 강점기 때는 한개마을의 수많은 사
람이 독립 운동에 참가했다. 한주의 아들 이승희(건국 훈장 대통령장)는
평생을 독립 운동에 바쳤고, 이기형(건국 포장), 이기정(건국 훈장 애족장),
이기원(건국 훈장 애족장), 이기인(건국 훈장 애족장), 이기윤(대통령 표창) 등
이 선비의 기개를 드높였다.

　한개마을은 하회마을, 양동마을과 더불어 3대 전통 마을로 꼽힌
다. 한창 번창했을 때는 가구가 100호를 넘었으나 현재는 약 70여 호
정도로 줄었고, 이 중 약 20호는 빈집이다. 사람이 사는 50여 호 중에
서 성산 이씨가 90퍼센트 정도다. 이처럼 씨족 마을의 전통을 계속 이
어왔기 때문에 문화재도 많다.

　현재 10점의 지방 지정 문화재가 있는데, 교리댁(지방 민속 문화재
제43호), 북비고택(지방 민속 문화재 제44호), 한주종택(지방 민속 문화재 제45
호), 월곡댁(지방 민속 문화재 제46호), 진사댁(지방 민속 문화재 제124호), 도동
댁(지방 민속 문화재 제132호), 하회댁(문화재 자료 제388호), 극와고택(문화재
자료 제354호), 첨경재(문화재 자료 제461호), 삼봉서당(문화재 자료 제463호)
등이다.

　전통적으로 집에는 '택호'라는 이름을 붙인다. 특별한 경우가 아
니면 안주인의 출신 마을이나 마을이 속한 면의 이름을 딴다. 그러므
로 택호는 안주인의 호칭도 된다. 그러나 집안에서 벼슬을 한 사람이
있으면 마을 이름 대신 벼슬을 택호로 삼는다. 장관댁, 장군댁, 교장댁
등이 이런 예다.

　그런데 한개마을의 택호는 매우 특이하다. 수십 명의 과거 급제
자가 나왔지만 벼슬 이름을 택호로 삼은 건 교리댁뿐이다. 진사댁이

있으나 진사는 초시에 합격한 이를 부르는 칭호이므로 엄밀하게 말하면 벼슬이 아니다.

북비고택에서 태어난 응와 이원조는 19세기 중엽 한성부윤과 공조판서라는 높은 벼슬을 지냈다. 그럼에도 그의 집은 판서댁이라고 부르지 않고 응와의 증조부 이석문의 호를 따서 북비고택이라 부른다.

다른 집도 주인의 호를 따서 한주종택이나 극와고택 등으로 부르고, 안주인의 출신지를 따서 하회댁이나 월곡댁이라고 하기도 한다. 주인의 호를 택호로 정한 집이 한개마을처럼 많은 곳은 거의 없다. 여기서 한개마을 사람들이 벼슬보다 이름, 즉 명예를 중시했음을 알 수 있다.[2]

한개마을 북서쪽 주거지에는 일정한 체계로 연결된 큰 집이 밀집해 있다. 입구에서 조금 올라가면 두 갈래의 길이 주거지 양쪽을 감싸고 있다. 그중 서쪽 갈래는 활처럼 휘어 올라간다. 이 길을 따라가며 오른쪽을 보면 집 밖을 두른 담장이 마치 성벽처럼 보이고, 높이 솟아 있는 한옥 지붕은 더없이 웅장해 보인다.

한개마을 담장은 크게 '외곽 담'과 '내곽 담'으로 나뉜다. 외곽 담은 측면 담과 주택 영역을 구획하는 담이다. 마을 가옥이 대체로 경사지에 자리 잡아 산지와 주택 쪽 측면 담은 높고, 앞뒤 주택의 영역을 구획하는 담은 낮다.

내곽 담은 주거 건물의 처마보다 낮아 담 양쪽을 시각적으로 차단, 또는 연속시킨다. 담장 대부분은 흙 돌담이며 메쌓기 하지 않고 하단부터 자연석과 흙을 어우러지게 쌓았다. 돌담이 덩굴과 어우러져 마을의 고풍스러움을 더해준다.

한개마을 담장의 대부분은 흙돌담이며 덩굴과 어우러져 마을의 고풍스러움을 더해준다.

진사댁

마을 입구에 있는 관광 안내소에서 왼쪽 길로 올라가면 오른쪽에 제일 먼저 보이는 집이다. 누마루에서 방으로 들어가는 문은 卍자 장식으로 보기 드물게 섬세하고 아름다운 구성을 보인다. 건물은 안채, 사랑채, 새사랑채 등으로 이루어져 있다.

진사댁은 정조 22년(1798) 건립한 것으로 추정된다. 건립 당시에는 '예안댁'으로 불렸는데, 안주인인 진성 이씨가 예안 출신이었기 때문이다. 진사댁으로 불리기 시작한 것은 이국희가 1894년 조선 왕조

진사댁은 정조 22년 건립한
것으로 추정되며, 건립 당시
에는 '예안댁'으로 불렸다.

의 마지막 소과에 합격해 진사가 된 이후부터다.

진사를 요즘으로 따지면 대학교를 졸업해 학사 학위를 받은 정도
라고 할 수 있다. 그래도 이들의 학식은 상당했고 과거도 계속 볼 수
있었다. 또한 중앙 무대에 올라가지 않아도 자신의 근거지에서 명성
을 쌓으면 언제든지 관리로 발탁 가능했다.

안길에서 직각으로 오른쪽을 향해 몸을 틀면 짧은 샛길이 보인
다. 특정 집으로 진입하는 데에만 사용되는 막다른 골목이다. 주거지
중앙부를 관통하는 안길로 올라가도 샛길을 거쳐야 집으로 들어갈 수
있다. 색깔과 크기, 모양이 제각각인 자연석을 황토로 쌓은 토석 담을
끼고 걷다 보면 교리댁, 북비 고택, 월곡댁 같은 큰 한옥의 입구가 나
타난다.

교리댁

교리댁은 영해부사, 사간원 사간, 사헌부 집의 등을 역임한 이석구가 1760년 건립했다. 이 집의 이름은 이석구의 현손인 이귀상이 홍문관 교리를 역임하면서 붙여졌다.

자연적인 경사를 따라 마을 안길로 올라가면 돌담을 두른 교리댁 대문채가 보인다. 언덕길을 따라 높은 곳에 있는 건물은 매우 중후하면서도 단아한 느낌을 준다. 1,980제곱미터의 대지 위에 대문채, 사랑채, 서재, 중문채, 안채, 사당 등 6동의 건물이 독립적으로 배치되어 있다.

안채는 정면 7칸, 측면 1칸이며 사랑채는 정면 5칸 측면 2칸이다. 一자형 정침을 중심으로 각 건물이 독립되어 있으면서 전체적으로 튼 ㅁ자형으로 배치되어 있다. 이는 태백산맥 일대의 튼 ㅁ자형과 남부

■ 교리댁은 튼 ㅁ자형과 남부의 一자형 민가를 섞어놓은 배치로, 이 지역에서만 볼 수 있는 특이한 형식이다.

의 一자형 민가를 섞어 놓은 것으로, 이 지역에서만 볼 수 있는 특이한 형식이다. 민가의 지역 간 전파와 교류를 통한 절충 과정을 엿볼 수 있는 좋은 사례로 평가된다.

이 건물은 평대문을 정면에 내지 않고 고샅을 지나 담장 뒤로 낸 게 특징이다. 한국미의 핵심은 일방성에 있다고 하지만 이 건물은 '정형 속의 비정형'이라 볼 수 있다. 비정형에는 오히려 미학을 끌어내는 힘이 있고 교리댁이 바로 그런 면을 보여준다.

교리댁에서 눈여겨볼 것은 독립된 서당이다. 다른 마을에서도 방 1칸이 서당으로 사용되는 경우는 있지만 이곳처럼 번듯한 영역을 별도로 갖춘 한옥은 찾아보기 힘들다.

서당은 사랑채, 안채와 직각으로 배치되어 서쪽을 향하고 있다. 주거용 건물과 방향을 다르게 만든 것은 성격이 다르기 때문이다. 서당은 주로 아이들이 사용하는 학습 공간이므로 건물 부재나 공간이 상대적으로 작고 마당을 둘러싸는 담도 낮다. 어린아이에게 맞는 인간적인 척도를 적용했다고 볼 수 있다.

특이한 것은 서당 건물을 받치는 기단을 매우 높게 처리했다는 점이다. 때문에 서당 높이가 대문채보다 높다. 한필원 교수는 이를 "공부하는 아이들에게 높은 기개를 조성하기 위한 것"일지도 모른다고 설명했다.

교리댁에서 가장 아름다운 공간은 뜻밖에도 사당이다. 대부분의 사당은 건물 후면에 자리 잡아 다소 침침하게 느껴지지만 교리댁은 그렇지 않다. 여름에는 배롱나무꽃과 나리꽃이 피고, 계단도 정감 가도록 잘 다듬어져 있다.

참고로 교리댁 사랑채 마당에는 수령 150년의 제주도산 감귤나무 한 그루가 있다. 쓰러질 듯 버티고 서 있는 모습이 인상적이다.[3] 또 말을 탈 때 딛고 일어서는 상마석이 아직도 남아 있어 전형적인 양반가라는 걸 보여준다.

북비고택

영조 50년(1774) 터전을 잡은 이 집은 사도세자가 뒤주에서 갇혀 죽은 뒤 북쪽에 사립문을 냈다. 집주인인 이석문이 사도세자를 애도하는 마음을 표현한 것이다. '북비택'이라는 이름과 '북비공'이라는 이석문의 호는 북쪽으로 난 문에서 비롯되었다.

훗날 영조가 사도세자의 일을 후회하고 이석문에게 훈련원 주부라는 벼슬을 내려 출사를 권유했다. 그러나 그는 끝내 벼슬에 나가지 않고 평생 이곳에 은거하며 사도세자에 대한 충절을 지켰다. 그가 벼슬을 거절하며 했던 말은 다음과 같다.

"사람이 뜻을 굳게 가져야 하는데 뜻이 구차하게 굴복된다면 무엇이 그 사람에게 귀하겠습니까? 저는 태평한 시대에 살면서 무공도 세우지 못했고 사헌부를 드나들며 간신을 베어 대의를 밝히기를 청하지도 못했으니 저의 뜻은 끝내 펼 수 없을 것입니다. 차라리 초야에 묻혀 편안히 쉬면서 유유자적하겠습니다."[4]

이석문의 손자인 이규진이 장원 급제하자 정조가 그를 불러 "너의 조부가 세운 공이 가상하다. 아직까지 너의 집에 북녘으로 낸 문이

북비고택은 사도세자를 애도
하는 마음을 표현하기 위해
북쪽에 사립문을 냈다.

있느냐?"라고 질문했다. 어린 정조를 업고 들어가 아버지(사도세자)를
살려 달라고 애원하다 곤장을 맞고 벼슬에서도 쫓겨난 이석문에게 고
마운 마음을 표한 것이다. 이후 사헌부 장령까지 오른 이규진은 순조
21년(1821) 정침과 사랑채를 새로 짓고 북비문 내의 맞배집을 서재로
고쳤다.

　　이 가옥은 특이하게도 건물 뒷부분이 먼저 보인다. 북쪽으로 일
각문을 냈기 때문이다. 정면 6칸인 안채를 비롯해 사랑채, 안사랑채,
사당, 북비댁 등 5채로 구성되었고, 북비댁은 별도의 담으로 구획되었
다. 안대문채는 안대문, 마방, 고방 등으로 이루어진 8칸으로 매우 큰
건물이었는데 지금은 남아 있지 않다. 독립 사랑채와 안채의 ㅁ자형
배치, 솟을대문 등은 당시 고관 가옥의 특색을 그대로 지니고 있다.

북비고택의 독립 사랑채와 안채의 ㅁ자형 배치, 솟을대문 등은 당시 고관 가옥의 특색을 그대로 지니고 있다.

사랑채는 ㄱ자형이며 잘 가공된 기단이 있는 맞배지붕 홑처마 가옥으로, 기둥에는 흰색 바탕에 청색 글씨의 주련이 걸려 있다. 평면은 북쪽으로 불발기* 창이 없는 대청 한 칸에 온돌방 두 칸을 두고 남쪽으로 지형을 이용해 끝에 누마루 형식의 대청마루 한 칸과 온돌 한 칸을 두고 있다. 누마루에 앉으면 대문으로 오가는 사람들을 관찰할 수 있고 멀리 마을 앞에 있는 안산까지 시원하게 보인다. 아래채로 가는 북비문과 정면으로 마주하는 형식을 하고 있어 안채와 아래채의 동정을 살필 수도 있다.

사랑채 대청마루 옆으로 난 쪽마루를 이용해 벽은 넌출문**으로 막고 안채 담장을 추녀 밑으로 막아 안채와 이어지는 통로를 만든 모습이 재미있다. 이 사이로 뒤뜰의 사당이 보이며 안채와 공간을 구분

* 불발기
문 한가운데 교창(交窓)이나 완자창을 짜넣고 창호지를 붙여 채광이 되게 문을 바르는 방식.

** 넌출문
문짝 넷이 죽 잇따라 달린 문.

하는 간벽은 기와를 이용했다. 한개마을에서는 보기 드물게 기와를 이용한 벽담이다.

북비문을 지나면 네 칸 규모의 아래채가 자리 잡고 있는데, 배치는 오른쪽에서부터 대청마루 두 칸에 온돌방 두 칸이다. 현재는 마루 북쪽을 판벽과 판문으로 막아 남향집처럼 쓰고 있다. 사랑의 한쪽은 툇마루 없이 남쪽으로 돌출한 부분에 긴 온돌방이 설치되어 있고, 뒤쪽에 부엌이 있다.

안채와 한 단 낮은 기단 위에 一자형으로 뻗은 아래채가 있고, 전면에 우진각 지붕을 한 곳간채가 남쪽에 一자형으로 놓여 있다. 정침도 一자형인데 자연석 초석 위 전면에는 원주를 사용했다. 두 칸 대청의 서쪽에 온돌방 한 칸, 동쪽에 온돌방 두 칸이 있고, 동쪽으로 부엌이 있다. 안채로 연결되는 동선 방향을 주목할 만한데 서쪽 대문을 통해 사랑채에 다다르고, 사랑 앞마당을 지나 안채의 아래채 옆으로 출입할 수 있다.[5]

안채의 건넌방은 아이들의 공부방으로 사용되었다. 마을 단위로 공부하는 공간인 재실 겸 서당과는 별도로 한 가족이 운영하는 이른바 사교육 공간이다. 사랑채의 작은 사랑방은 서실로 사용되었으며 이곳 역시 서당의 기능을 지녔던 것으로 추정한다.[6]

북비고택의 자랑 중 하나는 장독대다. 담을 두르고 기와집을 얹는 것이다. 집안의 멋을 좌우하며 주택의 품계를 한 단계 높여준 것으로 추정된다. 상단에 기와로 예쁜 문양을 만들어 화초담 모습을 섞은 흙 돌담도 보인다.

장독대는 한옥에서 매우 중요하다. 집안의 먹을거리를 좌우하므

북비고택에는 커다란 회화나무가 있는데,
과거에 급제한 사람이 나와 심었다고 한다.

로 안주인의 생활의 지혜를 보여주는 것은 물론 기도하는 공간이라는 기능도 있기 때문이다. 음식을 보관하고 발효시키는 곳이자 정한수를 떠놓고 소원을 비는 장독은 실용적이면서도 정신적인 공간으로 한옥을 움직이는 가장 중요한 포인트다.

안채와 사랑채 앞쪽에는 일반 주택에서 사용을 금지했던 원기둥이 보인다. 안채의 원기둥은 대초당에 있던 재목을 옮겨 사용했다고 하지만, 정조의 특별한 신임을 받은 이 집을 돋보이게 하려는 의도가 있었던 것으로 생각된다.

북비고택과 교리댁에는 커다란 회화나무 두 그루가 있다. 김해숙 문화관광해설사의 설명에 따르면 두 가문에서 대과에 급제한 사람이 2명 나왔기 때문에 그렇게 심었다고 한다.

한주종택

마을의 가장 위쪽인 영취산 산기슭에 위치하며, 다소 급경사로 올라가는 주거지의 가장 뒤쪽에 있는 건물이기도 하다. 한개마을에서 원형이 가장 잘 남아 있는 집이며, 골목과 담장 주위의 노송이 잘 어우러져 장관을 이룬다. 영조 43년(1767) 이민검이 창건했고, 고종 3년(1866) 이민검의 증손자인 한주 이진상이 중수해 현재까지 그 모습을 간직하고 있다. 이진상의 호를 따 한주종택이라 부르지만 안주인이 상주 동곽 출신이라 '동곽댁'이라고도 불린다.

이진상은 조선 말기 정치가 문란해지자 국가 제도의 개혁안을 제시한 『묘충록』을 저술하고 흥선대원군의 서원 철폐령에 반대 운동을 벌인 인물이다. 1876년 운요호 사건이 일어나자 의병을 일으키려다

한주종택은 안채와 사랑채 모
두 맞배지붕으로 지은 소박한
집이다.

화의 성립으로 중단했고, 주자와 이황의 주리론을 중심 사상으로 이
일원론을 주장하며 제자들과 함께 한주학파를 형성했다.[7]

　동쪽 문간채에 있는 대문간을 통해 들어가는데 대문간 옆에 하인
들이 들어가던 작은 문도 있다. 문간채는 양반집같이 규모가 큰 살림
집에서 볼 수 있으며, 간혹 규모가 작은 서민 살림집에서도 볼 수 있
다. 가족이 늘어나면서 식구들이 기거할 공간을 만들었기 때문이다.
문간채는 바깥에서 가장 가까운 곳에 자리 잡기 때문에 창고나 외양
간을 붙여 농사일에 도움이 되도록 만드는 게 기본이다.

　특이한 것은 대갓집인데도 대문간이 매우 검소하다는 점이다. 양

252

반집에서 흔히 볼 수 있는 솟을대문이 아니라 평대문이다. 원래는 문간채에 초가지붕을 이어서 지금보다 더 소박했다고 한다. 남들은 억지로라도 솟을대문을 만들려고 안달이었는데 그러지 않은 것이다. 이 진상이 학문은 높았지만 벼슬에 나가지 않아 자신의 본분에 맞게 평대문 형식을 취한 것으로 보인다.

한주종택은 세 개의 공간으로 나누어져 있다. 공부와 연구 공간을 위한 한주정사가 있고 거주 공간으로 안채와 사랑채가 있다. 조상을 모시는 사당도 있는데 우리나라 종택에서 흔히 볼 수 있는 공간 구성이다.[8]

남향에 一자형 정침과 왼쪽에 동향 一자형 3칸 고방채, 오른쪽에 서향 一자형 3칸의 아래채, 정침과 마주보는 남쪽에 7칸 一자형의 중문채 등 4동이 튼 ㅁ자형을 이루어 안마당을 감싸고 있다. 이런 구조는 모든 활동이 안마당을 중심으로 이루어지도록 한 것이며 이 지방에 전해지는 건물 배치다.

한주종택에서 안채를 3량가로 만든 것은 파격적인 일이다. '량가'란 지붕을 어떻게 구성하느냐에 따른 설명인데 3량가는 우리나라에서 시공되는 건축물 중에서 가장 간단한 방식이기 때문이다.

3량가 건물은 지붕의 가장 높은 곳에 종도리를 설치하고, 지붕의 앞뒤 양쪽 가장자리에 두 열의 처마 도리를 두세 열의 도리가 서까래를 받치는 구조다.

일반적인 양반 건물은 5량가이며 원형 기둥은 일반인들이 사용하지 않는 것이 기본이다. 1고주 5량가, 2고주 7량가 등의 구조도 있는데, 툇마루를 두어 지붕 높이가 변하는 것에 대비해 안쪽에 고주*를 사용한 경우다.

　당당한 양반가임에도 가장 중요한 안채를 3량가로 건설한 것은 자신을 낮추기 위한 것이다. 이뿐 아니라 한주종택은 대갓집인데도 평민 집을 연상시키는 사각기둥을 사용했다. 북비고택에 양반 건축에서 사용하지 않는 원형 기둥을 쓴 것과 대조적이다.

　또 양반집은 대체로 안채를 팔작지붕으로 만들고, 사랑채를 맞배지붕으로 만든다. 하지만 한주종택에서는 이 역시 한 단계 낮춰 안채와 사랑채 모두 맞배지붕으로 지었다. 이처럼 한주종택은 소박한 개념으로 건설한 집이다. 하지만 본채의 마루방, 부엌 앞에 있는 광과 마루방은 고서로 가득 채워 대학자의 집임을 한껏 드러낸다.

　한주종택이 한개마을에서 유명세를 타기 시작한 것은 1910년 한주정사와 연못이 있는 구역이 건축된 이후다. 한주정사는 안채를 구분하는 사이 담에 있는 작은 협문과 일각문으로 들어갈 수 있으며, 집의 권위와 위계가 보이도록 기단을 2개 층으로 나누어 쌓았다. 당대의 문인들과 성리학을 강학하던 장소로 '조운헌도제祖雲憲陶齊'라 현판했다.[9] 성리학의 비조인 주희와 퇴계 이황의 학문을 이어 받든다는 뜻으로 이진상의 학문적 지향점을 확인할 수 있다.

　정자의 누마루에서 안채와 사랑채의 경치가 아늑히 보이며, 넓은 마을 앞 들판은 발아래로, 마을 안산은 대청마루와 같은 높이로 보여 하늘 위에 떠 있는 신선 같은 느낌에 빠지게 한다. 또 자연과 어울리는 아름다움을 위해 정자 동편으로 방형의 연못을 파고 산에서 내려오는 물이 연못을 거쳐 나가도록 만들었고, 연못 위에는 인공 섬을 만들어 우주를 안으려는 주인의 마음을 읽을 수 있게 했다. 담 너머 노송과 주

한주정사는 당대의 문인들과
성리학을 강학하던 장소다.

위의 기암괴석, 수백 년 된 소나무들도 분위기를 한층 높인다.

도동댁

철종 시대에 공조판서를 역임한 이원조의 아들 이기상의 살림집
으로 1850년에 건립했다. 한개마을 전체 배치로 볼 때 가장 중요한 부
분에 위치하고 있다.

오른쪽으로 난 입구에 들어서면 넓은 마당을 사이에 두고 남향인
사랑채가 자리 잡고 있다. 사랑채 왼쪽에 안채가 배치되어 있으며, 안
채 전면에 세워진 중문채에 들어서면 안마당을 사이에 두고 안채가
남향으로 자리 잡고 있다. 안마당 왼쪽에 고방채를 두어 전체적으로
튼 ㅁ자형의 배치를 이룬다.

극와고택

홍문관 교리 이귀상의 아들 극와 이주희가 철종 3년(1852) 건립했다. 가옥 이름은 이주희의 아호에서 따온 것이다. 그는 어머니가 돌아가시자 3년간 묘소를 지킨 효자로 잘 알려져 있으며 국권이 상실되자 거실에 거적을 깔고 소복을 입은 채 두문불출했다고 한다.

건립 당시 가옥의 배치는 안마당의 동쪽에 광채가 있어 튼 ㄷ자형을 이루고 있었으나 현재는 광채가 철거되고 一자형의 사랑채와 정침만 남아 二자형의 개방적인 배치 형태를 하고 있다. 사랑채는 특이하게 초가집이며 정면 네 칸, 측면 한 칸 반의 규모에 가운데 큰 사랑방 두 칸, 사랑마루 한 칸을 배치하고 큰 사랑방 왼쪽으로 작은 사랑방한 칸을 덧붙인 형태다. 사랑채 마루 끝 장귀틀* 아랫부분이 밑으로 둥글게 처리되어 기단 아래에서 보면 마치 건물이 물 위에 뜬 배처럼 보인다. 과거에는 기와집이었지만 그 후에 정비 사업을 하면서 초가집으로 바뀌었다고 한다.

안채는 기와집으로 정면 여섯 칸 반의 규모에 중앙 대청 두 칸을 중심으로 왼쪽에 부엌 한 칸 반, 안방 두 칸, 오른쪽으로 건넌방 한 칸이 연속적으로 배열되어 있다. 안채 가운데 놓인 디딤돌의 '만석萬石'이라는 각자가 눈에 띈다. 안채 마루에 앉아서 앞을 내려다보면 마을 앞에 펼쳐진 들판과 냇가가 보여 시원하다.[10] 대문이 담장 모서리와 연결되는데, 한주종택으로 올라가는 토석 담과 어울려 가장 전통적인한옥 마을의 골목길로 알려져 있다.

극와고택은 현재 사랑채가 초가로 변했지만 평면 구성은 양반 가옥 형태이며 안채는 규모가 양반 가옥에 필적할 만하다. 또한 평면 배

* 장귀틀

세로로 놓는 가장 긴 마루의 귀틀. 기둥과 기둥 사이에 건너 대어 동귀틀을 받으며 마룻널을 끼우게 된다.

극와고택은 사랑채가 초가로
변했지만 평면 구성은 양반
가옥 형태다.

치가 남부형 민가의 형식을 따르고 있어 양반의 반가와 민가를 이어
주는 형태로 중요성을 인정받고 있다.

하회댁

안동 하회마을에 살던 류씨 할머니가 진주 목사를 역임한 이우에
게 시집오면서 하회댁이라고 불리는 건물이다. 남자의 벼슬이나 당호
를 이용해 택호를 정하는 것이 기본이라는 상식을 뒤엎는 경우다.

1745년 건설되어 한개마을의 한옥 문화재 중에서 가장 오래되었으며 건축 연대를 1630년대로 추정하기도 한다.

　　사랑채는 전면 다섯 칸으로 대청마루 기둥이 같은 간격을 이루고 있으나 두 칸 크기인 대청마루 부분의 한 칸은 기둥 간격을 작게 했으며, 작은 폭의 기둥 칸 사이에 섬돌을 놓고 올라가도록 했다. 사랑채는 대문 쪽으로 두 칸의 대청과 툇마루, 머름*을 가진 두 칸의 온돌방, 마루 없는 한 칸의 방으로 되어 있다.

　　한개마을의 고택 중 사랑채 앞 정원을 가장 아름답고 단정하게 꾸민 데서 집주인들의 정성 어린 손길이 느껴진다. 경사지를 이용한 집의 특성상 여름에 대청마루의 북쪽 판문을 열면 사랑채 앞 낮은 담

＊ 머름

바람을 막거나 모양을 내기 위해 미닫이 문지방 아래나 벽 아래 중방에 대는 널조각.

하회댁 사랑채. 정원을 아름답고 단정하게 꾸민 데서 집주인들의 정성 어린 손길이 느껴진다. ■

장으로 장애물 없이 마을 들판 너머 앞산까지 보여 수려한 풍광을 마음껏 느낄 수 있다.

안채 출입은 사랑채 전면 오른쪽의 협문을 통하도록 되어 있는데, 협문 옆에는 우산처럼 생긴 향나무가 서 있다. 대감들이 행차할 때 쓰던 햇빛가리개 같아 특별히 호위를 받고 들어가는 듯한 기분을 느끼게 한다.[11]

한개마을 반가의 대부분이 ㅁ자형 배치를 보이고 있으나 이곳의 안채는 ㄷ자형 평면의 정침과 중문간채의 ㅡ자형 평면을 취한다. 이는 남부형 가옥 배치와 북부 ㅁ자형 가옥 배치의 중간 형태로 한개마을에서는 흔하지 않은 방식이다. 동쪽 날개채에 2칸의 건넛방과 2칸의 마루가 있는데 며느리의 공간이며 시어머니의 안방 및 안대청과 대등한 규모다.

이를 보면 하회댁은 상당히 독특한 건물임을 알 수 있다. 조선 시대에 여성이 소외되고 며느리가 시어머니에게 억압받았다고 하지만 모든 곳에서 그랬던 것은 아니다. 하회댁의 시아버지는 안대청 옆에 작은방을 별도로 두어 며느리가 낮잠 자는 공간을 만들어줄 정도로 며느리 사랑이 지극했다. 또한 여성들이 바깥 활동에는 제약을 받아도 집 안에서만은 주도적인 역할을 할 수 있도록 배려했다.

또한 이 집에서 특이한 것은 고방이다. 지붕을 높게 하고 돌로 두껍게 쌓아 넓게 만든 고방은 과거의 살림살이를 짐작하게 한다. 벽체가 워낙 두껍다 보니 밖이 아무리 더워도 안은 서늘해 음식물을 보관하는 데 이보다 좋은 장소는 없었을 듯하다.[12]

월곡댁

월곡댁은 이진희의 부인이 초전면 월곡동에서 시집왔다 해서 이런 이름이 붙었다. 1911년에서 1940년까지 건립해 한개마을의 가옥 중에서 늦게 만들어진 편이다. 안채, 사랑채, 별채, 사당으로 이루어져 있으며 안채와 앞쪽의 별채 사이에 샛길처럼 좁고 긴 공간이 형성되어 독특한 분위기를 자아낸다. 건물마다 기단이 높고 아름다운 돌로 쌓았는데 기단이라기보다는 지형의 기울기를 받아들이기 위한 석축으로서의 의미가 크다.

　사랑채에서는 중문을 거치지 않고 안채에 들어갈 수 있지만 별채에서는 중문채를 거쳐야만 안채로 출입할 수 있다. 별채는 안채 앞쪽

월곡댁 사랑채. 건물마다 기단이 높고 아름다운 돌로 쌓았다.

에 세웠는데 사방이 담으로 막혀 있어 폐쇄성이 매우 강하다. 일반적으로 한옥에서는 채의 앞뒤로 개구부가 설치되나 별채의 뒤쪽 벽에는 개구부가 전혀 없다.

별채가 이렇게 설계된 데는 주인의 의도가 배어 있다. 처음에는 별채에 주로 분가하지 않은 자녀들이 거처했으나 이진희의 손자 대에 와서 완전히 다른 용도로 사용되었다고 한다. 그가 소실을 들였기 때문이다. 이러한 배치는 공간 구성의 절대적인 지침, 그중에서도 사당의 위치를 어긋나게 만든다.

한개마을의 특징 중의 하나는 사당, 정자, 재실 등 선조를 기념하는 건축물이 10동이나 된다는 점이다. 현재는 8동 남아 있는데 한 마을에서 이렇게 조상을 기념하는 건축물이 많은 곳은 쉽게 찾아볼 수 없다. 그런데 이들 기념물의 배치가 다소 예외적이다.

집의 동쪽에 있는 진입로로 들어가는 한주종택은 사당이 안채의 동쪽에 위치하지만 서쪽으로 진입하는 교리댁, 북비고택, 월곡댁 등은 사당이 사랑채 뒤나 안채와 사랑채 사이의 뒤쪽에 있다. 한개마을 양반집에서 이처럼 유교의 전통이 무시된 이유는 건물의 공간 구성 때문이다.

한개마을에서 여성의 공간은 은닉, 즉 감추는 것을 기본으로 했다. 집 안에서 볼 때 가옥의 진입은 왼쪽이나 오른쪽이 기본이며 주택에서 가장 안쪽에 놓이는 것은 안채인데 그중에서도 가장 깊숙이 숨겨진 곳이 부엌이었다. 이는 부엌의 위치가 동향이나 서향으로 고정되는 것이 아니라 집으로 진입하는 샛길이 어느 쪽에 있느냐에 따라 달라졌다는 뜻이다. 이때의 원칙은 부엌을 진입로에서 가장 먼 곳에 둔다는 것이었다.[13]

그런데 이럴 경우 사당을 어디에 놓느냐에 문제가 생긴다. 만약 사당을 전통적인 방식대로 오른쪽에 놓는다면 제사의 주인공인 남자가 여성 영역인 안채를 거쳐 사당으로 가야 하는 불편함이 생긴다. 한개마을 선비들이 이런 내용을 모를 리 없었다. 결론은 교과서인 『주자가례』의 방침이 아니라 현실에 맞는 선택을 하는 것이었다. 이는 주거자들이 불편하지 않은 실생활을 중요하게 생각했다는 것을 의미한다.

마을 사당인 첨경재는 마을 오른쪽에서 도보로 5분 정도 거리인 한개마을 뒤쪽 연취산 기슭에 있다. 첨경재는 조상의 분묘를 '공경하는 마음으로 섬긴다'는 뜻으로 성산 이씨의 선조 묘소에 묘제를 봉행했던 병사다. 영취산에서 뻗어 내린 협곡 사이에 토석 담장을 둘러 전면에 정면 4칸, 측면 1칸 반의 3량가 맞배지붕의 첨경재를 중심으로 왼쪽에 정면 4칸, 측면 1칸의 고직사를 배치하고 일각문을 세운 매우 큰 사당이다. 건립된 이후 여러 차례 중수해 창건 당시의 원형은 유지하지 않고 있으나 기념 건축물답게 단순한 평면 형태를 취하고 있고 성산 이씨들의 종당으로 현재까지 내려오고 있다는 점에서 의미가 깊은 곳이다.

한개마을에서 다소 떨어진 서쪽에 정면 6칸, 측면 1.5칸 팔작지붕의 여동서당이 있다. 방이 2개로 훈장이 기거하며 어린아이들을 가르친 곳이다. 여동서당에 도착하기 전 재실인 서류재를 볼 수 있는데 재실은 기와집이지만 왼쪽에 있는 관리인 집은 초가집이다.

한개마을 주변 명소로는 사적 제444호인 세종대왕 자태실이 있다. 문종을 제외한 모든 왕자의 태실과, 단종이 원손으로 있을 때 조성된 태실 등 19기가 군집한 곳이다. 우리나라에서 왕자 태실이 군집을 이룬 유일한 곳이다.

또한 성주향교(보물 제1575호), 크고 작은 고분들이 밀집하고 있는 성주 성산동 고분군(사적 제86호), 성산가야 때 축조된 것으로 추정되는 독용산성(경북 기념물 제105호) 등도 빼놓을 수 없다.

영취산 중간에는 신라 애장왕 때 건립된 감응사가 있다. 왕자가

첨경재는 조상을 '공경하는
마음으로 섬긴다'는 뜻이며
연취산 기슭에 있다.

눈이 아파 앞을 볼 수 없었는데 어느 날 꿈에 나타난 스님의 말을 듣고
독수리가 날아가 앉은 이곳의 약수로 눈을 씻자 앞을 볼 수 있었다고
한다. 애장왕은 약수의 은혜를 잊지 못해 약수가 나는 곳을 옥류정이
라 부르게 하고 감응사를 짓게 했다. 삼성각에는 특별히 용왕신을 모
시고 있다.[14] 감응사에서 한개마을을 바라보면 그야말로 명품 경관이
라는 것을 느낄 것이다.

　어느 마을이나 민속 마을로 지정되면 상업화되고 진정성을 잃어
버리기 쉽다. 또한 주민들 간 반목과 갈등이 생기기도 하는데 한개마
을에서는 이런 면을 느낄 수 없다. 아직 많이 알려지지 않은 이유도 있

한개마을 주민들은 전통 마을
의 참뜻을 저해하는 상업 시
설을 철저하게 막고 있다.

지만 주민들이 전통 마을의 참뜻을 저해하는 상업 시설을 철저하게
막고 있기 때문이다. 그 흔한 관광 상품점은 물론 식당도 없으니 한개
마을을 찾아가려면 음료수 등을 꼼꼼하게 챙기기 바란다. ❖

十步

싱읍마을

성읍마을

✛

제주 서귀포시 표선면

한라산 중산간 지대에 있는 성읍마을은 제주가 3개의 행정 구역으로 나뉘어 있을 때 정의현이라 불렸던 곳의 도읍지다. 1400년대부터 구한말까지 약 500여 년의 세월 동안 묵혀진 제주의 모습을 고스란히 담고 있으며, 제주를 대표할 만한 민속 유물과 유적들이 모여 있는 곳인 데다 실제 주민들이 거주하고 있어 생동감을 더한다.

당초 정의현의 도읍지는 성산읍 고성에 있었는데 동쪽으로 너무 치우친 데다 일본과 가깝기 때문에 성읍리가 정의현의 도읍지가 된 것이다. 『세종실록지리지』에 실려 있는 정의현의 연혁은 다음과 같다.

성읍마을에는 제주를 대표할
만한 민속 유물과 유적이 모
여 있고, 실제 주민들이 거주
하고 있어 생동감을 더한다.

"본래 제주의 동도東道였다. 조선 태종 16년에 비로소 현감을 두었다. 사
방의 경계는 동북쪽에 제주에 이른다. 동쪽이 26리, 북쪽이 7리다. 서쪽으로
대정현에 이르기까지 37리, 남쪽으로 바다까지 7리다. 가호 수가 685호, 인
구는 2,073명이다. 군정은 마군이 376명이고 보군이 254명이다."

또 『여지도서』에 실린 '풍속'은 이렇다.

"여자가 많고 남자는 적다. 민간에서 일컫기를 '산악에 암봉우리가 많
기 때문이다' 라고 한다. 솜을 생산하지 않는다. 한 자의 적은 옷감도 금처럼
여기기 때문에 백성들이 남자 낳는 것을 소중하게 여기지 않고, 여자를 낳는
것을 소중하게 여긴다."[1]

성읍마을에서는 한라산이 종주산이자 전체 고을을 진호하는 진산이다. 마을의 주인이 되는 주산은 정의현성 북쪽에 위치한 영주산(해발 326.4미터)이다. 영주산도 오름이지만 제주도의 오름 중 유일하게 산이라고 부르는 이유는 그만큼 제주도에서 큰 의미를 지니고 있기 때문이다. 오름은 큰 화산의 옆쪽에 붙어서 생긴 작은 화산을 말하며 마그마를 지표로 끌어내는 길이 가지를 쳐서 옆쪽으로 다른 분화구를 이루거나 주 화도의 위치가 이동하면서 이루어진다.

성읍마을은 동쪽의 본지오름 방면으로 이어지는 맥이 좌청룡에, 서쪽 모지오름, 따리비오름, 설오름, 갑선이오름으로 이어지는 맥이 우백호에, 남산봉(120미터)이 안산에 해당하며, 천미천이 명당수 역할을 한다. 이들 오름에 의해 성읍은 전란이 일지 않는 명당 중의 명당인 '병화불입지兵禍不入地'로 인식되었다. 그러나 이후 몇 차례에 걸친 행정적 변화에 의해 성읍은 도읍지로서의 지위를 잃어버리고 평범한 농촌으로 탈바꿈했다. 하지만 이런 상황이 오히려 전화위복이 되어 민속마을로서의 위치를 확보했다.[2]

그러나 제주의 지형적 특성상 육지처럼 전형적인 명당 구조를 갖추는 것은 쉽지 않으므로 성읍마을을 형국론을 빌려 두 가지로 해석하기도 했다. 첫째는 포구에 정박하고 있는 배의 형국으로 보는 것이고 둘째는 한라산의 맥을 중심으로 장군이 앉아 있는 형국인 '장군대좌형將軍大座形'으로 해석하는 것이다.

배의 형국으로 보는 것은 마을의 동쪽으로 천미천이 휘돌아 나가는 지형적 형상에서 비롯되었으며 마을 동남쪽의 남산봉을 키로 간주한다. 마을의 뱃머리는 서북쪽을 향하고 있으며, 끝은 남산봉이라는

해석이다. 이러한 배 모양의 형국으로 인해 어려서 그곳을 떠나면 입신출세한다는 속설도 있다. 장군대좌형의 경우는 주변이 산으로 둘러싸여 방어상 매우 유리한 위치에 있다는 주장이다.

성읍이 정의현의 도읍지였으므로 주민들의 긍지도 대단하다. 예를 들면 성읍에서 표선면사무소가 있는 표선으로 갈 때 '촌에 간다'고 하는데 면사무소가 성읍에서 표선으로 옮겨갈 때 표선이 시골이었기 때문이다.

원래 제주도의 도읍은 지금의 제주시에만 있었는데 조선 왕조가 세워지자 안무사 오식(1370~1426)이 태종에게 제주도를 삼주현으로 나누어 통치해야 한다고 건의했다. 이에 태종 16년(1416) 현 제주시와 북제주군을 합해 제주목으로, 한라산 남쪽은 서귀포시를 중심으로 동서로 나누어 서쪽은 대정현, 동쪽은 정의현으로 구분해 통치했으며 이런 구분은 1914년까지 약 500년간 지속되었다.

성읍마을은 우리나라에서 가장 잘 보존된 읍성 중 하나다. 이처럼 과거의 모습을 잘 간직한 데에는 매우 슬픈 사연이 배어 있다. 다른 마을들도 성읍마을처럼 초가집이 기본이었지만 4 · 3항쟁 때 대부분 불태워져 사라졌기 때문이다.

군경 토벌대는 제주도의 중산간 마을을 모두 태웠다. 유격대의 지원 기지가 될 가능성이 있다는 명목이었으며 집도 사람도 모두 없애는 초토화 작전으로 일관했다. 그런데도 성읍마을이 불타지 않은 이유는 경찰지서가 있었기 때문이다. 토벌대가 없었다면 성읍마을 못지않은 소중한 민속 자원들이 상당수 남았겠지만 성읍마을만이라도 남아 있는 것은 다행스러운 일이다.[3]

성읍마을을 답사하기 전에 제주도의 민가에 대해 설명한다.

해양성 기후가 뚜렷한 제주도는 바람이 세기 때문에 겨울에는 몹시 춥게 느껴진다. 그러므로 주거는 바람을 기본으로 한다. 즉 대지가 주위의 지형보다 다소 낮으며, 곡선 형태의 올레와 마당을 중심으로 삼고 가옥을 별동으로 배치했다. 상대적으로 외부 노출 표면적이 작은 평면이 정착되었고, 울타리는 높아진 반면 기단과 마루높이는 낮아지게 되었다.

제주도 집의 특색은 뭐니 뭐니 해도 지붕에 있다. 제주도에는 기

와집이 드물다. 화산토로 기와를 구워내기도 쉽지 않고 바람에 기왓
장 정도는 순식간에 날아가기 때문이다. 김석익의 『탐라기년』에 다음
과 같은 기록이 있다.

"제주도 땅은 점액이 없어 도기와 기와를 만들기 어렵다. 그러므로 예
로부터 기와집이 매우 적고 모두 띠로 덮었다."[4]

제주도에는 삼다 중의 하나로 바람이 많다. 거기에다 계절과 해
류에 따라 풍향이 다르므로 평소에도 바람에 대비해야 한다. 주민들
이 생각해낸 것은 완만한 지붕 경사각을 통해 바람의 저항을 최소화
하는 것이었다. 다시 말해 반란半卵 형태의 길고 둥근 돔 구조를 이루어
내풍에 역점을 둔 우진각 지붕이었다. 송성대 박사는 이를 조개를 엎
어놓은 듯한 모양으로 보아 제주도의 원초적인 지붕을 '조개 집 형
태'로 묘사하기도 한다. 지붕은 새*로 만들고 새 줄로 단단하게 결박
해 날아가지 않도록 대비했다.

구조적인 측면에서는 골각이 형태가 기본이다. 『제주읍지』 등의
기록에 의하면 긴 막대를 가로 방향으로 결박하고 짓누르는 방식을
사용했는데, 원목의 중압을 활용하기 위한 것이다. 강풍에 대응하기
위해 무거운 나무를 사용했고 단단한 결박 구조까지 갖추어 제주도
고유의 가옥 구조가 되었다. 모음 지붕이 기본으로 지붕 최상부에 용
마름**이 없다는 것도 특징이다.

지붕면의 물매***는 10분의 2.5~3, 각도는 15도 안쪽이다. 육지
에 있는 한옥의 물매는 4~5, 각도는 25도 정도이므로 상대적으로 낮

* 새
새볏과의 여러해살이풀. 높이
는 30~120센티미터이며, 잎
은 흔히 뿌리에서 나고 선 모
양이다. 여름에서 가을까지
연한 녹색의 작은 이삭으로
된 꽃이 원추(圓錐) 화서로 피
고 목초로 쓰인다. 볕이 잘
드는 초원이나 황무지에서 자
라는데 한국, 일본, 중국 등지
에 분포한다.

** 용마름
초가의 지붕마루에 덮는 'ㅅ'
자형으로 엮은 이엉.

*** 물매
수평을 기준으로 한 경사도.
에스아이(SI) 단위에서는 수평
길이 1미터에 대한 수직 높이
로 표시한다.

다는 것을 알 수 있다. 따라서 건물의 규모는 육지보다 큰 편이나 높이
는 오히려 낮다. 외부 창에는 널빤지로 만든 문을 설치해 비바람에 대
비했다. 기단은 대개 10~20센티미터 높이의 막돌을 한 단으로 쌓았
다. 그러나 비가 많이 오고 비바람이 치는 일이 많아 나무기둥을 보호
하기 위해 주추를 높게 만들었다.

『삼국유사』에 "북령의 사자암에는 판옥을 만들었다"라는 기록이
있는 것을 볼 때, 제주도에서는 오래전부터 이러한 가옥을 건설한 것
으로 보이며 이런 형태는 울릉도에서도 보인다. 울릉도에서는 방설
벽과 지붕을 만드는데 억새와 횡목을 기본으로 한다.

바람의 영향은 처마 밑에 설치한 풍차로도 알 수 있다. 풍차는 겨
울에는 눈바람, 여름에는 비바람이 들어오는 것을 막아준다. 제주에
서는 눈과 비가 수직으로 내리는 경우가 드물고 수평으로 들이치기
때문에 풍차가 없으면 불편한 일이 많다. 새로 엮던 풍차가 사라지고
양철로 변해도 바람막이 건축술은 계속 이어졌다.[5]

제주도 가옥에서 또 다른 특징은 창문이다. 원래 재료는 목조이
며 온돌을 제외한 전체 통용문에 적용하고 있다. 5센티미터 정도의 평
판으로 견고하면서도 폐쇄적인 특색을 갖고 있다. 세찬 바람에 대비
한 방풍 기능에 그치지 않고 외부를 차단하는 역할도 하는 것으로 해
석된다.

대청마루의 통용문을 대문이라 부르며 별도의 대문을 두지 않은
것도 특색이다. 고려 말에서 조선에 이르기까지 왜구의 빈번한 침략
등에 대한 자위 수단이자 경계 심리까지 가옥 구조에 반영한 결과로
보인다. 기능이 무엇이든 두꺼운 판문 구조는 목재 취득이 용이한 환

제주도의 특징인 통시. 전통적인 변소의 하나로 구덩이 대신 발아래 돼지를 키운다.

경에서만 가능하다. 이는 원목이 무성하게 자라는 한라산의 환경과도 크게 연계된다고 볼 수 있다.[6]

통시(뒷간)도 빼놓을 수 없다. 전통적인 변소는 좁고 깊은 구덩이를 파고 양 둔덕에 발을 올려놓는 잿간 변소, 해우소라 부르는 절간 변소, 구덩이 대신 발아래 돼지를 키우는 통시 등으로 구분된다. 전통 변소는 열린 구조로 되어 있어 공기가 잘 통하며, 인간이 배출한 유기물을 미생물과 벌레들이 분해해 농사에 필요한 거름으로 재생산하는 기능을 한다.

제주도에서는 배변하는 곳에 돼지우리가 딸려 있다. 이러한 문화는 제주도의 기후, 토양과 관계있다. 돼지는 인분을 처리하고 돼지가 배출하는 유기 폐기물은 퇴비로 재활용해 폐기물을 자원화하는 것이다. 그러므로 제주도에서는 개를 키우지 않는 집은 있어도 돼지를 키우지 않는 집은 없었다. 돼지를 키우는 이유는 고기를 얻기 위해서이기도 하지만 무엇보다도 거름을 얻기 위해서였다. 여기서 '제주도 똥돼지'라는 말도 나왔다.

통시는 건물의 한쪽 면을 돌아가서 설치되므로 마당에서 직접 보이지 않는다.[7] 지상에서 2~3계단 위에 두 개의 넓고 긴 돌을 배치하고 시선 차단을 위해 담을 얕게 쌓았으며 지붕 구조물은 없다. 이때 주인들은 돼지우리에 짚을 넣어둔다. 돼지들이 돌아다니며 바닥을 밟으면 짚과 배설물이 섞이면서 썩는데, 냄새가 거의 나지 않고 완전 분해되는 것이 특징이다. 이는 농작물에 좋은 거름이 되며 씨앗과 흙이 바람

올레는 마을 길에서부터 집 마당 사이에 있는 골목으로 제주도 민가만이 지닌 특유의 공간이다.

에 날아가는 것을 막아준다.

　　제주 특유의 올레도 거론하지 않을 수 없다. 올레는 마을 길에서
부터 집 마당 사이에 있는 골목으로 제주도 민가만이 지닌 특유의 공
간이다. 올레는 마당에 이르기까지 다양한 경관 변화를 유도하며 외
부로부터의 시선을 차단해 독립적인 내부 공간을 가지려는 영역 표시
와 경계 기능도 갖고 있다. 집을 방문하는 사람은 사적인 공간에 접근
하는 과정이 길어져 집주인을 마주할 때까지 심리적인 안정감을 느낄
수 있다. 올레는 육지에서 고살이라 부르는 것과 비슷하나 그보다 좀
더 사적인 길이다. 한 집에 딸린 올레도 있지만 대개는 몇몇 집이 하나
의 올레를 함께 사용한다.

　　올레는 폭 1.8~3미터, 담 높이는 1.2~2.1미터 정도다. 길이는 보
통 6~15미터 정도이며 형태는 I자형, L자형, S자형 등 다양하다. 올레
입구를 어귀라 부르며 여기서부터 집의 입구가 시작됨을 암시해준다.
집 안으로 들어가면 올레 바닥의 양옆에 다리 팡돌이 있는 것이 특징
이다. 다리 팡돌은 비가 올 때 흙이 신발에 묻지 않도록 한 것이다. 제
주에서는 올레 길을 매우 중요시해 음력 정월에서 3월 사이에 고사를
지낸다.[8]

　　제주도의 또 다른 특징은 온돌이 육지와 다르다는 것이다. 우선
온돌이 별로 많지 않다. 『제주풍토록』에서는 "품관 벼슬하는 집 이외
에는 구들이 없으므로 땅을 파서 구덩이를 만들고 돌로 메우고 그 위
에 흙을 발라서 다 마르면 그 위에서 잔다"라고 적었다. 『탐라견문록』
에도 이런 구절이 있다.

"마을 집에 구들이 없다. 다만 몇 간의 집을 만들어 놓고 사방에 벽을 세워 바람만 막는다. 중앙에 흙 난로를 설치해 불을 땐다. 겨울에는 한 집안의 남녀노소가 화로를 둘러싸고 누워 온기를 취한다."

17세기 후반 숙종조에 제주 목사를 역임했던 이형상은 제주도 살림집에 그때까지도 구들이 없다고 적었다. 제주도의 온돌은 부엌과 결합된 육지의 경우와 달리 아궁이를 별도로 두었다. 취사와 난방을 공용으로 활용한 것이 아니라 분리해 각각 설치한 것이다. 또한 주방 공간이 3분의 1에 가깝도록 비중을 높인 것이 특색이다. 이는 겨울철에도 온난하므로 화입火入과 취사를 구분해 화재를 예방하려는 구조에서 출발한 것으로 겨울에 부는 북풍과 북서풍의 진입을 최소화한다. 제주에서는 아궁이에 불씨가 남아 있으면 바람이 들어와 삽시간에 화재로 번지기 때문이다.

그러므로 부엌을 단순한 취사 공간으로만 보지 않고 거름의 적재 장소로 활용한 것도 제주도만의 특성이다. 아예 부엌을 별도의 건물로 만들기도 했다. 솥은 온돌방 쪽이 아닌 외벽을 향하고 굴뚝도 설치하지 않으며 취사 연료로는 말린 소똥이나 말똥을 사용한다. 부엌이 주택의 가장 중요한 기본 요소라는 고정 관념을 여지없이 흔드는 것이다.

대청마루는 자택의 3분의 1을 점유할 만큼 넓은 면적이며 통로, 식사, 작업 등을 아우르는 공용 공간이다. 이것은 가옥 구조가 주민의 생업 방식에 따라 차이가 있음을 알려준다. 대청마루 한가운데 '부섭'으로 통용되는 화로를 설치한 것도 지나칠 수 없다. 겨울철 거실 공간

이자 작업장의 기능을 수행하기 위한 것이다. 그러나 화로 시설이 중
앙에 있다는 것은 수혈식 주거와 맥락을 같이하는 원시적 가옥 구조
의 틀을 아직도 지니고 있음을 뜻한다. 이 같은 구조는 구좌에서 남원
에 이르는 제주도 동북 및 남동해안과 내륙에 집중적으로 분포한다.
근세에 내륙에서 유민이 많이 들어온 지역인데도 과거의 전통이 고수
된 까닭은 가옥 소유주들이 제주만의 특색을 지키려는 보수적인 의식
을 지니고 있었기 때문이다.[9]

　　제주도의 가옥 중에서 육지와 판이하게 다른 것은 정낭이다. 제
주도에는 문이 없다. 고온다습한 풍토에서 나무판자로 문을 만들면
금방 썩을 뿐 아니라 강풍에 날아갈 위험이 있기 때문이다. 그래서 정

낭이라는 아이디어가 도출되었다. 정낭은 무척 단순해서 집에 사람이 있고 없음을 표시하는 동시에 마소의 출입을 막기 위해 걸쳐두는 것에 지나지 않는다. 정주목은 나무토막을 끼워두는 구멍 뚫린 나무 기둥이다. 근래에는 대부분 돌로 만들지만 원래는 나무로 만들었다.

정주목과 정낭을 통틀어 '정'이라고 한다. 세 개의 정낭 중 하나만 걸쳐 있으면 집주인이 없거나 잠깐 외출 중이라는 뜻이며, 두 개가 걸쳐 있으면 외출에 다소 시간이 걸린다는 뜻이다. 세 개가 모두 걸쳐 있다면 먼 곳으로 외출했다는 것을 의미하며, 하나도 걸쳐 있지 않으면 사람이 있다는 표시다. 정낭은 우리나라에만 있는 것은 아니다. 시베리아와 캄보디아, 태국, 미얀마, 대만에도 정낭과 비슷한 문이 있다고 한다.

바깥대문은 '면문'이라 하며 그다음 문인 중문을 '이문'이라 한다. 이문 칸, 곧 중문 칸은 집으로 진입하는 골목인 올레의 끝이다. 성읍의 집들에서는 대개 정낭이 대문 역할을 해 이문 칸만 설치한 경우가 많다.

정낭은 제주도 정신의 발로라고 볼 수 있다. 도둑과 거지, 대문이 없다는 삼무 사상의 또 다른 표현이기 때문이다. 이는 문도 없이 밭이나 바다로 나가서 온종일 일을 하다 돌아와도 문제가 생기지 않았다는 것을 뜻한다. 아쉬운 것은 제주도에 관광객과 외지인이 불어나면서 점차 정낭 정신이 사라지고 있다는 사실이다.[10]

성읍마을로 시선을 다시 돌린다. 마을은 표선리부터 한라산 쪽으로 8킬로미터 올라간 곳에 있다. 현대로 치면 8킬로미터는 그다지 긴

거리가 아니지만 과거의 제주도에서는 매우 먼 거리였다. 제주도민들
이 음료수로 쓰던 샘물들이 거의 해안에 분포하고 있었으므로 해안에
서 10여 킬로미터나 산간으로 올라갔다면 여러 문제점이 생기기 마련
이었다.

성읍마을에서는 두 곳에 빗물을 담아두는 못(물통)을 만들어 이를
해결했다. 사실 식수만 해결된다면 산지에 마을을 만드는 것이 불리
하지만은 않다. 해일이나 해적의 위험이 있는 해변보다 여러 면에서
안전한 주거지이기 때문이다.

물이 귀한 성읍의 집집에는 빗물을 모으는 재미있는 아이디어가
있다. '새촘'이라고 하는데 나무줄기에 억새를 꼬아 묶고 끝을 항아리
에 넣어 나무줄기를 타고 내려온 빗물이 항아리에 모이도록 한 장치
다. 필요는 발명의 어머니라는 말이 결코 허언이 아니다.[11]

성읍마을은 성벽으로 둘러싸인 읍성이다. 공간의 배치는 우리나
라 읍성에 많은 宇(우)자형을 기본으로 남북 자오축 머리에는 동헌, 가
운데에는 객사, 남쪽에는 남대문을 두는 형식을 취했다. 성곽은 직경
약 770미터 크기의 귀를 죽인 네모꼴이며, 중심은 객사 대문으로 되어
있다. 성곽의 높이는 4미터 정도 되는 장방형으로 주변에서 쉽게 얻을
수 있는 현무암으로 쌓았다. 1980년대에 남문과 서문이 복원되었는
데 모두 옹성을 갖고 있다. 옹성은 성문 앞에 팔로 감싸는 것 같은 모
양으로 설치된 작은 성벽을 말하며, 성문을 은폐하고 성문에 접근한
적을 공격하기 쉽게 만들어주는 시설이다.

남문을 들어서면 읍성의 중심축인 남북로가 곧게 펼쳐지며 끝에
객사가 있다. 객사는 대부분 왕의 뜻을 받들고 내려온 사신들을 머물

성읍마을 남문. 성읍마을은
성벽으로 둘러싸인 읍성이며
1980년대에 남문과 서문이
복원되었다.

게 하며 접대하던 곳이므로 동헌보다 서열이 높다. 그러므로 객사와
동헌을 중심으로 많은 관청이 있었을 것으로 추정되며 발굴 조사를
거쳐 전면 7칸의 객사를 복원했다.

성읍의 동헌은 일관헌(제주특별자치도 유형 문화재 제7호)이며 객사의
서쪽에 위치하고 있다. 세종 25년(1443) 현감 송섬이 처음으로 건설했
고 이후 많은 보수를 거쳤다. 동헌은 '동쪽의 건물'이라는 뜻으로 이
때 방위의 기준은 객사가 아니라 지방관의 가족이 거주하는 내아다.
동헌은 일반적으로 남북쪽과 동서축을 이루는 도로의 교차 지점 북쪽
에 위치하지만 이곳의 일관헌은 남문에서 오는 축에서 서쪽으로 벗어
나 있으며 현재 건물은 1974년 복원된 것이다. 편액을 '일관헌日觀軒'이
라고 한 것은 중국 태산의 세 봉우리 가운데 맨 동쪽 봉우리를 '일관'

이라고 한 데서 따왔다는 말도 있지만 정의현이 제주의 가장 동쪽에
자리하고 있어 '해가 떠오르는 것을 가장 먼저 볼 수 있다'고 해서 붙
여진 이름으로 알려진다.[12]

　　제주특별자치도 유형 문화재 제5호인 정의향교는 세종 5년(1423)
설치된 것으로 그 후 여러 차례 중·개축과 이건을 거듭하다 헌종
15년(1849) 방어사 장인식이 조정에 주청해 지금의 위치로 이건했다.
현재 대성전, 명륜당, 수선당, 수호사, 내삼문, 협문, 동재 등이 복원되
어 있으며 배향 공간인 대성전과 강학 공간인 명륜당이 좌우로 나란
히 배치되어 있다.

　　대성전은 정면 5칸, 2고주 7량가로 전후퇴를 두었으며 전퇴는 개
방된 일반적 형식이다. 명륜당은 정면 5칸에 전후좌우 퇴를 두었으며

■
정의향교는 세종 5년 설치되
었으며 배향 공간인 대성전과
강학 공간인 명륜당이 좌우로
배치되어 있다.

앞퇴에는 개방된 토방이 있다. 가운데 3칸에는 마루를 깔았으며 좌우에 온돌방과 고방을 배치했다. 제주도 가옥의 일반적인 칸살 나누기로, 부엌이 없고 대청이 3칸인 점만 다르다. 정의향교에는 현재 전패가 보관되어 있다. 대성전에는 5성*, 10철**, 송조 6현과 한국의 18현의 위패가 봉안되어 있으며 해마다 봄가을에 석전제를 봉행한다.

일관헌 일곽에 있는 느티나무 한 그루와 팽나무 세 그루는 천연기념물 제161호로 지정되어 읍성에서 가장 중요한 장소라는 것을 알려준다. 수령을 1,000년 정도로 보는 느티나무는 높이 30미터, 가슴 높이 둘레 5미터에 이르며 팽나무는 높이 24~32미터, 가슴 높이의 줄기 둘레 2.4~4.5미터로 나무의 나이는 약 600년이다. 성읍마을에서는 봄에 이 느티나무에 싹이 트는 것으로 한 해 농사 결과를 점쳤다고 한다. 동쪽 잎이 먼저 피면 정의 고을 동쪽 지방의 농사가 잘되고, 서쪽 잎이 먼저 피면 서쪽 지방의 농사가 잘된다는 것이다. 정의고을을 지켜보는 산은 높이가 324미터로 영모르 또는 영주산이라 불렀다. 예로부터 신선이 살았으며 아침 안개가 끼면 반드시 비가 내린다고 한다.

성읍마을의 특성은 제주도 고유의 초가집들이 고스란히 보존되어 있다는 점이다. 성읍을 민속 마을답게 이끄는 열쇠이자 자랑거리가 아닐 수 없다. 정의현청 청사였던 일관헌 등을 제외하면 모두 초가집이며, 500년 동안 도읍지였는데도 기와집이 자리 잡지 못한 까닭은 초가집이 이 마을에 가장 적합한 건축물이기 때문이다.

성읍을 들어가면 남북 방향으로 관통해서 마을을 둘로 나누는 큰 도로가 보인다. 사실 전통 마을이라 하면 아늑함을 연상하겠지만 성읍마을은 이런 생각을 처음부터 깨버린다. 일제 강점기 때 마을의 규

＊ 오성(五聖)

문묘에 함께 모시는 다섯 성인. 공자, 안자, 증자, 자사, 맹자를 이른다.

＊＊ 십철(十哲)

공자의 제자 가운데 뛰어난 열 사람. 안회, 민자건, 염백우, 염옹, 재아, 자공, 염구, 자로, 자유, 자하를 이른다.

모에 어울리지 않게 본래 있던 소로의 폭을 확장했기 때문이다.

마을의 민가는 육지와는 다른 건축 기법을 갖고 있다. 대체로 一자형 평면을 가진 집 2채를 중심으로 했으며 제주도를 특징짓는 돌과 새를 주재료로 사용했다. 돌로 벽을 쌓고 새로 지붕을 덮어 초가집임은 분명하지만 모양은 다르다. 육지에서 초가집의 기본이 되는 볏짚이 별로 없기 때문이다. 벼농사가 지극히 제한적인 곳에서만 이루어졌으므로 볏짚 구하기가 쉽지 않았고 볏짚이 쉽게 썩어 제주도의 독특한 지붕 형태가 된 것이다. 김정의 『제주풍토록』에 그 상황이 요약되어 있다.

"사람들은 모두 초가에 사는데 띠를 엮지 않고 지붕에 늘어놓은 긴 나무로 가로질러 눌러놓았다. 기와집이 극히 적으며 정의현과 대정현 등 군현관사도 역시 초가집이다."

오늘날 복원해놓은 관공서는 대부분 우람한 기와집이지만 육지를 흉내 낸 것이라는 지적이 있다. 새 역시 항상 구할 수 있는 것이 아니므로 지붕갈이용 새를 조달하기 위해 띠를 관리하는 밭을 운용했다. 개인 소유가 아닌 마을 소유의 밭이었으며 대체로 해발 300미터 이상의 들판에 있다. 토지가 척박하므로 윤작법*으로 수확물을 거두었다.

* 윤작법(輪作法)
돌려짓기를 하는 방법.

건물의 규모와 건물 수는 경제적 형편과 가족 상황에 따라 다르다. 살림이 어렵거나 식구가 단출한 경우는 안거리 한 곳에 살았으며, 좀더 여유가 있으면 안거리 맞은편에 밖거리를 두어 마주 보며 살았

다. 제주도 말로 '거리'란 채를 이르며 안거리는 안채, 밖거리는 바깥
채, 모서리에 두었다는 뜻의 모커리 또는 묵거리는 부속채를 일컫는
다. 대문간은 이문간, 부엌은 정지라고 부른다.[13]

육지의 전통 마을의 경우 안채와 사랑채는 성별로 사용 공간이
달랐지만 제주도에서 안채와 바깥채는 세대별로 사용 건물이 달랐다.
대개 안채는 부모가, 바깥채는 자식 세대가 사용했다. 부모 중 한쪽이
사망하거나 고령이 되면 사용자가 자식 세대로 바뀌었다. 생애 주기
의 일정한 지점에서 자연스럽게 주인이 바뀐 것이다. 안거리, 밖거리
라고 이름을 달리 불렀지만 규모나 재료 등에 차이가 있는 것은 아니
었다.

참고로 제주도에서는 안채와 바깥채를 쓰는 부모와 자식들이 함
께 식사를 하지 않았다. 시어머니는 며느리가 지어주는 밥을 먹지 않
고 초대받을 때에야 먹었다. 안채와 바깥채가 독립적으로 살림할 수
있는 부엌을 갖추었기 때문이다. 통시도 따로 있었다. 돼지 사육과 관
련 있는 경제적 의미를 지니고 있으므로 두 경제 주체가 각기 통시를
갖는 것은 당연한 일이었다. 성읍마을을 비롯한 제주도에서 집의 구
성은 위계가 아니라 평등에 바탕을 두고 있음을 알 수 있다.

마을 전체가 중요 민속 문화재 제188호로 지정되어 있으며 5채
의 가옥이 별도로 중요 민속자료로 지정되어 있다. 더불어 정의현의
동헌인 일관헌과 정의향교가 제주특별자치도 문화재로 지정되어 있
다. 또한 제주 민요가 중요 무형 문화재 제95호로 지정되어 있는 것은
물론 돌하르방 12기가 제주특별자치도 문화재로 지정되어 있다. 더불
어 민속놀이, 향토 음식, 민간 공예, 제주 방언 등의 무형 문화유산이

아직까지 전수되고 있어 성읍은 제주도뿐만 아니라 전국에서 문화재
가 많은 마을로 꼽힌다.

조일훈 가옥

중요 민속자료 제68호로 지정되었으며 정의 고을 객사 인근에 위
치하고 있다. 1,072제곱미터의 넓은 터에 안채, 바깥채, 부속채, 창고,
대문간 등 다섯 채의 건물이 마당을 둘러싼 ㅁ자형을 이루고 있다. 일
반적으로 성읍의 집들은 대지의 가장자리에 안채와 바깥채를 두고 그
와 직각으로 부속채를 두는 방식으로 구성된다. 제주도에서 부엌은
취사, 식사, 작업 등을 위한 다목적 공간으로 건물 안의 마당인 봉당
기능도 겸한다. 날씨가 나쁠 때는 작업 공간으로 사용하므로 다른 지

조일훈 가옥은 다섯 채의 건
물이 마당을 둘러싼 ㅁ자형을
이루고 있다.

역의 한옥 부엌에 비해 상당히 넓은 것이 특징이다.

이 집에는 올레가 없고 대문간만 설치되었다. 원래 객줏집, 즉 순수한 살림집이 아니었기 때문에 공간을 걸러주는 요소가 필요하지 않았기 때문이다. 쇠막과 헛간 용도로 2칸의 부속채를 두었으며 바깥채와 대문간에도 쇠막이 있다. 바깥채에는 재래적인 농기구들이 보관되어 있으며 마소에게 물을 먹이던 돌구유 몇 개도 있는데, 객줏집으로서 마소를 위한 공간이 많이 필요했기 때문으로 보인다. 창고가 세워진 자리에는 연자매*가 있었다고 한다. 안채 문은 근래 변형되었지만 주춧돌, 받침돌 등은 물론 허벅**을 얹어 두는 물팡*** 등은 과거 그대로다. 동전을 넣어두는 돈궤도 보관되어 있어 당시 살림살이를 적나라하게 보여준다.

이영숙 가옥

중요 민속자료 제70호로 정의향교와 이웃해 있으며 과거에는 정의고을의 여인숙이었기 때문에 지금도 주민들은 '여관집'이라고 부른다. 향교에서 거행하는 제례에 참석하기 위해 온 사람들이 이곳에 묵었다고 한다. 사람들이 많이 드나드는 여인숙이었으므로 큰길에서 올레길을 따라 들면 대문 없이 정낭을 통해 곧바로 안으로 들어설 수 있다.

안채는 마당을 앞에 두고 동향하고 있으며, 헛간채는 안채의 맞은편에 서향하고 있다. 안채 뒤쪽에는 넓은 텃밭(우영)이 일구어져 있고, 수목들이 안채를 감싸듯 배경을 이루고 있다. 안채 앞 오른쪽에는 돼지우리와 함께 통시가 있지만 집 입구에 현대화를 의미하는 개량식 변소가 있어 좋은 대조를 보여주고 있다.

* 연자매
매의 하나. 일반 맷돌보다 수십 배나 크고, 사람 대신 소나 말이 돌려 능률도 그만큼 높다.

** 허벅
물을 길어 나르는 동이. 모양이 둥글며 배가 불룩하고 아가리는 아주 좁다.

*** 물팡
좌우로 벌려 세운 2개의 기둥돌 위에 넓적돌을 가로로 얹은 것.

안채는 한라산 산남 지역에서 흔히 볼 수 있는 전형적인 3칸 집이다. 안채의 중앙에 대청마루가 있고, 대청마루의 왼쪽에 부엌과 작은방이 있다. 오른쪽에는 안방과 고방이 각기 앞뒤로 배치되어 있다. 안방과 작은방에는 굴뚝이 있으며, 대청마루와 안방의 전면에는 반 칸폭의 툇마루가 설치되어 있다. 대청마루 앞의 두 문은 모두 쌍여닫이 널문으로 오른쪽 문에만 머름을 들여 왼쪽 문보다 작은 호령창을 설치했다.

호령창은 주인이 일꾼을 부르거나 바깥사람과 간단한 대화를 나눌 때 이용하는 것으로 내륙의 들창문과 용도가 유사하다. 부엌 앞에는 물 구덕(바구니)을 얹어두는 물팡이 있다. 헛간채는 통칸으로 예전에 멍석이나 남방애* 등을 두었던 곳이다. 한때 여관으로 사용되었지만 개조된 부분이 없이 한라산 산남의 단출한 재래 농가를 잘 나타내 문화재로 지정되었다.

✱ 남방애
통나무로 만든 제주도 특유의 절구.

한봉일 가옥

중요 민속자료 제71호로 지정되었으며 19세기 초엽에 건설된 것으로 추정되는 서민 가옥이다. 동문 터 가까이에 자리 잡고 있으며 헛간과 외양간이 있는 좌우에 안채와 바깥채가 마주 앉아 있다. 3칸으로 된 대문간은 주택 규모에 비해 다소 커 보이는데 집이 동문으로 연결되는 큰길과 면해 있어 안과 밖을 좀더 뚜렷이 구분하기 위해 강조한 것으로 추정된다. 하지만 대문간에 들어서도 안채와 바깥채가 모두 한눈에 들어오지 않는다.

一자형 우진각 지붕의 초가로 안채와 바깥채 모두 3칸 집이다. 성한봉일 가옥은 개조된 부분이 별로 없어 재래적인 가옥 구조를 보여준다.

읍의 주택을 이루는 채는 전면 3칸으로 구성되며 부엌, 상방, 구들이 각각 1칸씩 차지한다. 육지의 주택과 다른 것은 부엌에서 볼 때 상방, 곧 대청 건너편에 구들이 있다는 점이다. 육지에서는 부엌에서 난방하므로 부엌과 온돌방이 접해 있지만 제주에서는 난방이 필요 없는 상방이 부엌에 접해 있는 것이 기본이다. 안채는 재래식 온돌인 굴목*으로 통하는 다른 문을 두지 않고 난간 쪽을 이용해 출입하는 제주도 전형의 가옥을 보여준다. 바깥채는 상방을 전면에만 시설하고 뒤쪽에 작은 구들을 배치했다. 안채를 180도 돌려놓은 모양인데 본래 부엌이었던 공간을 쇠막으로 사용하고 굴목에 작은 판문을 설치해 부엌으로 사용하고 있다. 그러나 특이하게 굴목으로 통하는 문을 별도로 두지 않고 난간 쪽으로 출입하도록 만들었다.

* 굴목
구들에 불을 때게 만든 아궁이와 그 아궁이의 바깥 부분.

마소를 사람과 같은 지붕 안에 두는 것은 제주도에만 국한된 것
은 아니다. 많은 지역에서 동물과 주인이 함께 생활하는데 당시의 재
산 1호라고도 볼 수 있는 마소가 평안해야 주인도 평안하기 때문이다.
개조된 부분이 별로 없어 재래적인 가옥 구조를 그대로 보여주며 마
을 길보다 다소 낮은 마당에서 북쪽 초가집 지붕들 사이로 한라산이
보이는 것이 일품이다.

고평오 가옥

중요 민속자료 제69호로 지정되었으며 정의고을 당시부터 1914년
면사무소가 표선리로 옮겨올 때까지 관원들의 숙소로 사용하던 곳이
다. 순조 29년(1829) 건설되었으며 안채, 바깥채, 부속채가 ㄷ자형으로
위치하고 있다. 안채와 바깥채는 1979년에 보수해 원래 모습에서 다
소 변형되었다. 호령창은 그대로 남았지만 부엌에 있었던 부섭은 사
라졌다.

이 집은 대문간과 본채 사이에 긴 공간이 있다. 제주도 민가로서
드물게 대문간을 둔 이유는 남문에서 객사에 이르는 도로에 면해 있
기 때문이다. 그런데 서로 멀리 떨어져 있는 문간과 안채, 바깥채 사이
의 다리 팡돌은 Y자형으로 놓여 있다. 성읍의 여러 집에서 보이는 바
닥 처리로 토질이 메마르면 푸석푸석 먼지가 나지만 일단 물을 머금
으면 반죽처럼 되어 신바닥에 붙기 때문에 고안된 것이다. 제주도에
서 예전부터 나막신이 발달한 것도 이런 이유 때문이다.

안채는 작은 구들 없는 3칸 집으로 뒤에 장독대가 놓여 있고 바깥
채 뒤에는 우영(텃밭)이 있다. 바깥채는 예전에 관원들이 숙소로 사용

고평오 가옥은 관원들의 숙소로 사용하던 곳으로, 대문간과 본채 사이에 긴 공간이 있다.

했는데 상방이 가운데 있지 않고 동쪽으로 치우쳐 있어 제주도의 일반적인 집 구조와는 다소 다르다. 상방은 가옥의 가운데를 차지하는 중심 공간이다. 대개 상방에서 식사하며 안채의 경우 제사도 이곳에서 지낸다. 상방은 샛문으로 부엌과 연결되며 상방과 난간이라 불리는 툇마루 사이에 호령창을 설치한다. 호령창은 쌍여닫이 널문으로 밖을 내다보기도 하고 아랫사람을 부르기도 하는데 제주도 일부 지역에만 설치한 독특한 구조다. 집 입구에는 원님만 마셨다는 원님 물통, 즉 못이 있다.

고상은 가옥

고상은 가옥은 중요 민속자료 제72호로 고평오 가옥과 이웃해 있다. ㄱ자형으로 안채와 부속채만 남아 있는데 과거에는 대장간으로 사용했다고 한다. 안채 건물 자체가 대장간이므로 주거용이라기보다는 작업 공간의 단출한 형태다. 그러므로 안채는 현재처럼 여러 개의 방으로 나뉘지 않고 하나의 큰 공간이었던 것으로 추정된다. 대장간 한가운데 땅에 기둥 뿌리를 묻는 생깃기둥(상기둥)을 세우고 비스듬히 대들보를 얹었던 원초적인 가옥 형태로 추정한다. 이 집은 올레도 없으며 특히 우엉 등의 외부 공간은 거의 두지 않았다. 고평오 가옥과 인근이므로 원님만 마셨다는 원님 물터가 바로 맞은편에 있다.

　　제주도를 이야기하면서 마을의 안녕을 비는 무속 신앙 장소인 '할망당'을 지나칠 수는 없는 일이다. 제주도에는 350개의 당이 있는

고상은 가옥은 과거에는 대장간으로 사용했다고 한다.

일관헌 남서쪽 옆에 있는 안할망당은 주민의 신수와 건강을 관장한다고 한다.

것으로 알려졌으며 그곳에서 모시는 신 중 80퍼센트가 여신이다. 제주도에 이처럼 당이 많은 까닭은 1만 8,000명에 달하는 신이 있다고 믿었기 때문이다.

물론 신도 신 나름으로 으뜸 신, 버금 신이 있다. 할망신이 있는가 하면 손자나 증손자뻘 신도 있다. 성읍 성안에만 20곳의 무속 장소가 있었다고 전해지며 그중 안할망당, 광주부인당, 일당, 개당은 아직도 남아 있다. 주민의 신수와 건강을 관장한다는 안할망당은 '관청할망'이라고도 부르며 일관헌 남서쪽 옆에 있다. 안내판에는 다음과 같은 글이 있다.

"예로부터 현청(일관헌) 구내 서쪽 노거수인 팽나무를 신목으로 해 기왓

장 위에 비녀, 옥구슬 등을 놓고 신앙의 대상으로 삼았으며, 후에 돌로 제단
과 울타리를 쌓았는데 1971년 성읍리사무소를 신축하면서 정면에 인접되자
현 위치로 이설, 2평가량의 나지막한 슬레이트 건물 안에 시멘트 제단을 축
조, 감실을 만들어' 현해수호신지위'란 위패를 봉안해 주민들의 안녕과 신수
를 기원하는 곳으로 이용해왔다. 1991년 현 건물로 개축하고 '안할망신위'
로 대치 봉안했으며 1996년 건물을 보수하면서 고증을 거쳐 제단 위에 감실
을 마련 기왓장, 비녀, 옥구슬 등을 봉안했다."

　　송심자 제주도문화유산해설사는 현재에도 많은 사람이 안할망당
에서 치성을 드리는 등 무속의 원형이 잘 보존되고 있다고 한다. 따라
서 성읍마을이 지닌 가치는 더 없이 높다고 할 수 있다.

　　제주도의 간판이라면 구멍이 숭숭 뚫린 검은색의 돌하르방을 거
론하는데 성읍도 예외는 아니다. 성읍에는 동·서·남문 입구에 각각
4기씩 12기의 돌하르방이 있는데 약간씩 다른 표정을 하고 있다. 다
른 지역의 돌하르방에 비해 얼굴이 둥글넓적하고 눈썹이 없는 것이
특징이다. 돌하르방을 '무성목'이라고도 부르는데 성읍에서만은 '벅
수머리'라고 한다. 김영돈 교수는 영·호남 지방에서 장승을 벅수, 벅
시 등으로 부르는 것을 볼 때 육지의 장승이 유입되어 돌하르방으로
변모했을 것으로 추정한다.

　　장승의 개념이 제주도에 도입되었다고 하더라도 돌하르방이 특
산이 된 데에는 제주도만의 정신이 배어 있다. 돌하르방을 현무암 재
료로 만든다는 고집이 그것이다. 육지의 전통 마을과 다른 무엇이 있
다는 것은 제주도인들이 열악한 환경에도 끈기를 갖고 자부심을 느낄

■
성읍마을의 돌하르방은 다른
지역에 비해 얼굴이 둥글넓적
하고 눈썹이 없는 것이 특징
이다.

수 있는 원천이었다.

　그 많던 전통 마을이 대부분 사라진 지금, 성읍이라는 전통 마을이
남아 있다는 것에 감사해야 할 것이다. 그런 면에서 흥미 있는 것이 성
읍마을의 오메기 술이다. 제주도는 밭과 논의 비율이 49대 1이므로 쌀
농사가 어렵고 기상도 농사에 적당하지 않아 먹고사는 것이 만만치
않았다. 술 역시 쌀로 만들 엄두를 내지 못했고 조로 만들었다.

　오메기 술을 빚기 위해서는 우선 좁쌀을 가루 내 익반죽*하고 도
넛처럼 가운데에 구멍을 내 떡을 만들어야 한다. 이 오메기 떡을 이용
해 술을 빚는다. 이처럼 떡을 만들어 빚는 술은 이화주, 동정춘 등이

＊ 익반죽
가루에 끓는 물을 쳐 가며 하
는 반죽.

있으며 꿀처럼 단맛이 강한 것이 특징이다. 오메기 술은 현재 제주도 무형 문화재 제3호로 지정되었다. 가난의 산물이 문화재가 된 아이러니라 하지 않을 수 없다.

반면 성읍마을에는 제주도의 간판이라고 할 수 있는 감귤나무가 없다. 성읍마을의 지리적 위치에 따른 영향인지는 모르나 여러 사람이 심었지만 모두 실패했다고 한다. 물론 감귤나무가 없다고 해서 주민들이 아쉬워하지는 않는다. 전통 마을로서의 위상이 감귤나무가 없다고 떨어지는 것은 아니기 때문이다. ❋

초가집과 황토는 '금상첨화'

❋ 한옥의 기본은 기와집과 초가집이지만 우리나라의 기후나 자연 환경에 가장 잘 어울리는 것은 초가집이다. 초가집은 한국인의 대부분을 차지하는 민초들의 집이기 때문이다.

근대 과학은 초가집이 가장 합리적인 에너지 절약형 주택이라고 말한다. 초가집의 기본은 나무로 집의 뼈대를 세운 뒤 추수를 마친 볏짚을 이용해 지붕을 만들고, 우리나라 어디에서나 발견되는 진흙으로 두껍게 벽을 쌓고 창호지 문을 설치하는 것이다. 이렇게 단순하게 보이는데도 에너지를 절약할 수 있다는 점에서 선조들의 슬기를 느낄 수 있다.

짚은 보통 벼를 수확하고 남은 줄기를 가리키는 말로 알려져 있지만 짚의 의미는 보다 폭넓다. 대백과사전을 보면 벼, 밀, 보리, 조 따위의 이삭을 떨어낸 줄기라고 적혀 있다. 그러므로 벼의 경우 볏짚, 보

한옥의 기본은 기와집과 초가집이지만 우리나라에 가장 잘 어울리는 것은 초가집이다.

리의 경우 보릿짚, 콩의 경우 콩짚, 밀의 경우 밀짚이라고 한다. 한 가
지 특이한 것은 반드시 곡식에만 짚이라는 단어를 쓴다는 점이다.

짚의 역사는 곡식 재배와 함께하기 때문에 시작은 농경 생활로 거
슬러 올라간다. 우리나라에서는 신석기 후기부터 곡식을 재배했으므
로 이때부터 짚 문화가 발달했을 것으로 추정한다. 윤나오는 우리나라
의 대표적인 짚 문화는 '집'이라는 단어에서 찾을 수 있다고 적었다.
초가집은 말 그대로 '볏짚으로 이은 집'이라는 뜻이다. 잘 마른 볏짚
을 모아 엮어 지붕으로 얹기만 하면 초가집이 된다는 설명이다.[14]

짚으로 만든 지붕은 가벼워서 기둥에 거의 압력을 주지 않으므로 기둥이 쓸데없이 굵지 않고, 비가 오거나 눈이 녹아도 짚의 결을 따라 흘러내려 잘 새지 않는다. 또 지붕 위에 얹힌 볏짚은 단열재 역할을 하므로 추운 겨울과 여름을 나기에 매우 유용하다. 이는 볏짚과 보릿짚을 잘라 단면을 비교하면 알 수 있다. 보릿짚은 짚 가운데에 구멍 하나만 크게 뚫려 있는 빨대 모양이다. 그러나 볏짚은 크고 작은 구멍이 여럿 모여 있는 다공성 구조다.

단열재란 열을 전달하지 않는 재료로, 원리는 재료가 비어 있는 공간을 많이 갖도록 한 것이다. 양철지붕이나 돌 지붕보다 초가가 여름에는 시원하고 겨울에는 따뜻한 것도 짚의 단열성 때문이다. 선조들은 볏짚으로 돗자리를 만들기도 했는데 다른 짚으로 만든 것과는 다르게 푹신했기 때문이다.

짚은 한국인들이 가장 중요시한 농사 뒤에 얻은 부산물이며, 대표적인 생활 용구는 망태기다. 새끼를 가늘게 꼬아 그물처럼 성글게 엮어 끈을 매단 것인데 현대식으로 따지면 산에 나무를 하러 갈 때, 또는 들로 꼴을 베러 갈 때 둘러메고 다니는 다용도 가방이다.

또한 농촌에서 중요시한 것은 가마니로 곡식을 운반, 보관, 저장하는 데 안성맞춤이다. 사실 가마니처럼 과학적인 용구도 없다. 통풍이 잘되고 습기를 막아줄 뿐만 아니라 병충해 방제 효능까지 있기 때문이다.

가마니가 얼마나 과학적인지는 설탕이 세계를 석권할 때의 문제점을 보아도 알 수 있다. 콜럼버스가 신대륙을 발견한 후 설탕은 유럽인들의 입맛을 사로잡았다. 그런데 문제는 설탕을 남아메리카에서 유럽으로 운반하기 위해 머나먼 대서양을 건너야 한다는 점이었다. 열대 지방을 통과하면 습기 때문에 설탕이 녹아버려 이만저만한 골칫거리가 아니었다. 이 문제를 해결하기 위해 유럽에서 현상금을 걸었는데, 채택된 아이디어는 설탕 봉지에 환기가 될 수 있는 조그마한 구멍을 여러 개 뚫는 것이었다. 설탕을 가마니에 넣었다면 번거로운 문제가 애초부터 생기지 않았을 것이다.

짚으로 만든 용구로는 우장과 짚신도 있다. 우장에는 도롱이와 접사리가 있으며 농부들이 비 올 때 걸치는 최고의 우비였다. 도롱이는 어깨에 두르고 삿갓을 쓰는 차림으로 서양의 망토와 비슷하다. 접사리는 머리부터 뒤집어쓰는 것이다.

볏짚의 활용은 짚신으로 완성된다고 볼 수 있다. 한국인의 전 생애는 짚신으로 시작해 짚신으로 끝낸다고 해도 과언이 아니다. 과거에 대부분의 사람들은 집에 짚신 틀과 짚신골을 비치해 두고 가족의 신발을 손수 삼았다. 드라마에서 먼 거리 여행을 떠날 때 여러 켤레의 짚신을 갖고 다니는 것을 보았을 것이다. 짚신은 사람만 신은 것은 아니다. 소에게도 짚신을 신겼으며 이를 쇠신이라 했다. 추운 겨울 눈길이나 뜨거운 여름 자갈길을 걸어가는 말 못하는 소의 괴로움을 모를

리 없으므로 신긴 것이다.[15]

　초가집에서 짚을 받쳐주는 소나무의 역할도 만만치 않다. 소나무의 겉은 연질이지만 속심에는 송진이라는 썩지 않는 성분이 있어 겉은 썩더라도 속심은 멀쩡하다. 오래된 집이라 지붕이 기우뚱해도 넘어지지 않는 것은 이 때문이다. 진흙으로 된 두꺼운 벽도 초가집의 중요한 요소다. 일반적으로 흙을 갤 때 짚을 넣거나, 수수깡 또는 대나무를 심재로 넣어 흙이 무너지는 것을 막는다.

　두꺼운 벽은 낮에 비추는 태양열을 흠뻑 받아들여 차가운 저녁에 실내로 방출하는 역할도 한다. 우리나라 기후는 여름에는 고온다습이고 겨울에는 저온저습이므로 여름에는 습기로 인해 불쾌지수가 높고 겨울에는 살을 에듯 춥다. 이런 기후에는 열기와 냉기를 차단해주는 자재가 적합하며 그것이 흙이다.

　더구나 초가집은 두꺼운 흙이 저절로 습도를 조절해주기 때문에 가습기가 필요 없다. 사람이 가장 쾌적하게 느끼는 습도는 평균 60~65퍼센트이지만 한국의 여름 장마철에는 종종 습도가 80~90퍼센트를 오르내려 불쾌지수를 느낀다. 황토는 여름철의 습기를 흡수했다가 건조할 때 내주는 일종의 에어컨이다.[16] 저절로 습도를 조절해주기 때문에 가습기가 필요 없으며 습기가 차지 않아 결로 현상도 없다. 또한 초가집은 도시형 주택보다 30퍼센트 정도 에너지를 절약할 수 있다.

　초가집을 황토로 지으면 금상첨화다. 황토는 아주 가는 모래가 모

초가집은 두꺼운 흙이 저절로 습도를 조절해주기 때문에 가습기가 필요 없다.

여 만들어진 흙으로 다양한 광물 입자로 구성되어 있으며, 황토 1그램에는 약 2~5억 마리의 각종 미생물이 살고 있다. 황토의 분해력과 정화력은 미생물 덕분이다. 미생물들이 숨 쉬고 있는 황토는 식물의 영양 공급원인 동시에 인간의 질병을 치료하는 약품으로도 활용된다.

옛날에 배탈이 나면 황톳물을 마셨다는 것은 잘 알려져 있는 민간요법이다. 독충에 물린 자리에도 황토를 발라 독을 뺐고, 장이 약한 사람에게는 황토 찜질을 권했다. 이런 민간요법이 효과를 본 까닭은 인체에서 나오는 독성을 중화하는 황토의 성질 때문이다.

흙은 성분과 색깔에 따라 적토, 황토, 흑토, 백토 등으로 나뉜다.

이 가운데 황토가 인체의 생리 작용과 가장 잘 맞는다고 하지만 황토라고 모두 같은 것은 아니다. 『동의보감』과 『향약집성방』에는 황토라도 방향과 위치에 따라 약성이 달라진다고 기록되어 있다.

동 황토는 해 뜨는 동쪽을 향한 양지 바른 동산에서 100년 이상 직각으로 햇볕을 쬔 흙을 말한다. 서 황토는 해 지는 서쪽을 향해 역시 직각으로 햇볕을 받은 동산의 흙을 가리킨다. 반면에 남 황토와 북 황토는 아무런 효용이 없다고 한다. 황토를 햇빛을 받은 시기에 따라 구분하기도 한다. 경주 석굴암이 있는 토함산 부근의 황토는 100년 황토라 한다. 지리산의 흙은 1,000년 황토, 경남 양산의 가락국 왕궁 터에 있는 흙은 2,000년 황토라고 부르는데 벽돌을 만들거나 집 등에 사용하는 주거용 황토는 100년 정도면 충분하다고 한다.

황토의 광물 조성은 다음과 같다. 석영 60~70퍼센트, 장석과 운모 10~20퍼센트(세 가지 성분을 합하면 화강암이 됨), 탄산염은 5~35퍼센트까지 함량이 다양하게 변하며 약 2~5퍼센트의 인회석, 흑운모, 석류석, 휘석, 지르콘 등이 포함된다. 0.02밀리미터 이하의 세립질 크기에서는 몬모릴로나이트, 일라이트, 캐올리나이트 등과 같은 점토 광물이 많이 포함된다.

또한 황토에는 카탈라아제, 프로테아제, 다이페놀 옥시데이스, 인버테이스 등 인체에 유익한 효소들이 많이 포함되어 있다. 특히 카탈라아제는 흙이 갖고 있는 효소 중에서 가장 높은 활성을 보인다. 노화 현상을 불러오는 과산화 지질이라는 체내 독소를 중화 내지 희석해 젊음을 유지시켜주는 효능도 갖고 있다.

　초가집이 건강에 좋은 이유는 볏짚에 있는 누룩곰팡이와 황토 속에 있는 카탈라아제가 결합하면서 체내 과산화 지질의 분해를 돕기 때문이다. 복룡간伏龍肝은 30~40년 이상 된 부뚜막 바닥 40센티미터 깊이 부근의 황토를 말한다. 『동의보감』에서는 복룡간의 효험을 다음과 같이 적었다.

　"맛에는 매운 기가 있고, 부인의 산후 출혈, 토혈을 다스리고, 해소를 멎게 한다. 지혈 작용이 있으며, 각종 종기와 독기를 없앤다."[17]

　사람들이 초가집의 단점으로 지적하는 것도 알고 보면 장점 가운데 하나다. 초가집에 사는 사람들이 겪는 불평 중의 하나는 굼벵이 배설물, 소위 '굼벵이 똥물'이다. 초가집 어디에나 굼벵이가 살고 있으며 이들의 배설물은 비가 오기만 하면 까만색 물처럼 흘러내린다. 초가집에 사는 주민들은 비가 오지 않을 때도 뚝뚝 떨어진다고 말하는데 근래에는 오히려 이를 반긴다. 굼벵이가 간에 좋다는 말이 있어 소위 특효약으로 알려졌기 때문이다. 한마디로 초가집에 살더라도 굼벵이 때문에 호강할 수 있다는 것이다. 이는 제주도에서 특산품으로 판매하고 있다는 것으로도 알 수 있다.

굼벵이가 초가집에 있다는 것은 생태계가 그대로 유지될 수 있는 요건이라는 뜻도 된다. 초가집에는 굼벵이나 참새 등이 기생하면서 지네나 모기 같은 해충을 잡아먹는다. 그런가 하면 사람을 해치지 않는 것으로 유명한 구렁이가 참새나 지네 등을 견제한다.

구렁이는 사람의 눈에 잘 띄지 않은 채 집을 보호해 선조들은 업구렁이를 주요한 집 지킴이로 받들었다. 구렁이가 기어 나오면 주인은 머리를 조아리고 손을 비비며 "볕을 쪼이셨으니, 이만 들어가시지요"라고 축원한다. 업구렁이가 밖으로 나가면 집의 재운도 사라진다고 여겼기 때문이다.

황토에는 원적외선이 축적되어 있을 뿐 아니라 마이너스 이온도 들어 있다. 마이너스 이온은 구름과 비가 결합할 때 형성되며 노화의 원인이 되는 과산화 지질을 용해하는 성질이 있다. 그래서 마이너스 이온을 많이 함유한 황토가 건강에 좋다고 하는 것이다. 일반적으로 유용한 황토는 볶은 콩가루처럼 밝은 노란색을 띠거나 물에 젖었을 경우 약간 갈색 빛이 난다.[18] ❋

주

외암마을

1 김봉렬, 『김봉렬의 한국 건축 이야기(1)』(돌베개, 2006)

2 권정화, 「이중환의 국토 편력과 지리 사상」, 『월간 국토』, 1999년 2월호.

3 권정화, 「이중환의 국토 편력과 지리 사상」, 『월간 국토』, 1999년 2월호.

4 한필원, 『한국의 전통 마을을 찾아서』(휴머니스트, 2011); 신상섭, 『한국의 전통 마을과 문화 경관 찾기』(도서출판 대가, 2007); 이종호, 『과학 한국을 이끈 역사 속 명저』(글로연, 2010)

5 신상섭, 『한국의 전통 마을과 문화 경관 찾기』(도서출판 대가, 2007)

6 한필원, 『한국의 전통 마을을 찾아서』(휴머니스트, 2011); 신상섭, 『한국의 전통 마을과 문화 경관 찾기』(도서출판 대가, 2007)

7 충남대학교마을연구단, 『아산 외암마을』(대원사, 2007)

8 이왕기, 『외암 민속 마을』(충청남도 아산시, 2009)

9 충남대학교마을연구단, 『아산 외암마을』(대원사, 2007)

10 이왕기, 『외암 민속 마을』(충청남도 아산시, 2009)

11 한필원, 『한국의 전통 마을을 가다』(북로드, 2004)

12 한필원, 『한국의 전통 마을을 가다』(북로드, 2004)

13 충남대학교마을연구단, 『아산 외암마을』(대원사, 2007)

14 충남대학교마을연구단, 『아산 외암마을』(대원사, 2007)

15 문화재청, 『목조 문화재 가꾸기』(문화재청, 2008)

16 박도, 『삼천리 금수강산 사뿐히 즈려밟고』(새로운사람들, 2006)

17 이왕기, 『외암 민속마을』(충청남도 아산시, 2008)

18 임석재, 『우리 옛 건축과 서양 건축의 만남』(대원사, 1999)

19 박도, 『삼천리 금수강산 사뿐히 즈려밟고』(새로운사람들, 2007)

20 서정호, 『한옥의 미』(경인문화사, 2010)

21 신광철, 『한옥 마을』(한문화사, 2010)

22 서정호, 『한옥의 미』(경인문화사, 2010)

23 서정호, 『한옥의 미』(경인문화사, 2010)

24 편집부, 『한옥에서의 하루』(한국관광공사, 2012); 「경남 함양군 지곡면 개평마을(정여창 고택)」, 다천당, 2007년 3월 3일.

25 백남천, 『대한민국 베스트 여행지』(나무생각, 2008)

26 윤선영, 「풍수지리의 주거 입지를 적용한 현대적 이해에 관한 연구」, 경기대학교 행정대학원 석사학위논문, 2009년.

27 최준식, 「풍수」, 네이버캐스트, 2010년 5월 13일.

28 한필원, 『한국의 전통 마을을 가다』(북로드, 2004)

29 송갑득, 『낙안읍성』(순천시, 2012)

도래마을

1 한필원, 『한국의 전통 마을을 가다』(북로드, 2004)

2 류성룡, 「나주 도래마을 한옥의 건축 형식에 관한 연구」, 한국건축역사학회 춘계학술발표대회 논문집, 2009년.

3 류성룡, 「나주 도래마을 한옥의 건축 형식에 관한 연구」, 한국건축역사학회 춘계학술발표대회 논문집, 2009년.

4 한필원, 『한국의 전통 마을을 찾아서』(휴머니스트, 2011)

강골마을

1 신광철, 『한옥 마을』(한문화사, 2010)

2 한필원, 『한국의 전통 마을을 찾아서』(휴머니스트, 2011)

3 신광철, 『한옥 마을』(한문화사, 2010)

4 신광철, 『한옥 마을』(한문화사, 2010)

5 서정호, 『한옥의 미』(경인문화사, 2010)

6 서정호, 『한옥의 미』(경인문화사, 2010)

7 한필원, 『한국의 전통 마을을 찾아서』(휴머니스트, 2011)

8 서정호, 『한옥의 미』(경인문화사, 2010)

낙안읍성마을

1 송갑득, 『낙안읍성』(순천시, 2012)

2 한필원, 『한국의 전통 마을을 찾아서』(휴머니스트, 2011)

3 한필원, 『한국의 전통 마을을 찾아서』(휴머니스트, 2011)

4 서정호, 『한옥의 미』(경인문화사, 2010)

5 송갑득, 『낙안읍성』(순천시, 2012)

6 신광철, 『한옥 마을』(한문화사, 2010)

7 서정호, 『한옥의 미』(경인문화사, 2010)

8 송갑득, 『낙안읍성』(순천시, 2012)

9 이희근, 『한국사 그 끝나지 않는 의문』(다우, 2001)

10 신광철, 『한옥 마을』(한문화사, 2010)

11 백남천, 『대한민국 베스트 여행지』(나무생각, 2008)

12 제임스 트레필, 정영목 옮김, 『도시의 과학자들』(지호, 1999)

다랭이마을

1 윤순영, 「아무리 가팔라도 산사태 모르는 다랭이 논의 지혜」, 『한겨레』, 2011년 8월 15일.

2 김선규, 『김선규의 우리 고향 산책』(생각의나무, 2002)

3 이다일, 「남해 가천 다랭이마을」, 네이버캐스트, 2009년 7월 1일.

4 유연태 외, 『우리나라 최고의 가족 여행지』(시공사, 2006)

5 이용한, 『이색 마을 이색 기행』(실천문학사, 2002)

6 이다일, 「남해 가천 다랭이마을」, 네이버캐스트, 2009년 7월 1일.

7 김기빈, 『땅에 새겨진 문화유산』(한국토지공사토지박물관, 2006)

8 김선규, 『김선규의 우리 고향 산책』(생각의나무, 2002)

9 김두관, 「바닷가에 펼쳐진 수채화, 남해 바래길」, 『시사IN』, 2011년 5월 13일; 이다일, 「남해 가천 다랭이마을」, 네이버캐스트, 2009년 7월 1일.

남사마을

1 남동우, 「산청 남사마을」, 『금강신문』, 2012년 2월 12일.

2 편집부, 『세월도 비켜 간 산청 남사마을』(경남은행, 2010)

3 한필원, 『한국의 전통 마을을 찾아서』(휴머니스트, 2011)

4 이호신, 『남사예담촌』(산청군농업기술센터, 2012)

5 강쥐, 「이사재」, 『우리가 사는 세상』, 2010년 10월 8일.

6 이호신, 『남사예담촌』(산청군농업기술센터, 2012)

7 최갑수, 「[한국의 美] 경남 산청 남사예담촌, 돌담길 따라 옛이야기 소곤대는 마을」, 『GOLD&WISE』, 2012년 7월 5일.

개평마을

1 김철중, 「문중 조직을 통해서 본 동족 마을권의 공간 구성과 건축 특성」, 연세대학교 건축공학과 석사학위논문, 1997년.

2 서정호, 『한옥의 미』(경인문화사, 2010)

3 신영훈, 『한옥의 향기』(대원사, 2000)

4 신영훈, 『한옥의 향기』(대원사, 2000)

5 강쥐, 「개평 한옥 마을」, 『우리가 사는 세상』, 2011년 11월 30일.

6 「함양 지곡면 개평리 문화마을 지표조사 보고서」, 함양군, 2002년.

7 「함양 지곡면 개평리 문화마을 지표조사 보고서」, 함양군, 2002년.

8 강쥐, 「우리나라 최초 인공 숲-상림」, 『우리가 사는 세상』, 2011년 11월 17일.

9 임석재, 『한국 전통 건축과 동양 사상』(북하우스, 2005)

10 임석재, 『지혜롭고 행복한 집 한옥』(인물과사상사, 2013)

11 이왕기, 『외암 민속 마을』(충청남도 아산시, 2008)

12 신상섭, 『한국의 전통 마을과 문화 경관 찾기』(도서출판 대가, 2007)

황산마을

1   장원수, 「산수향의 고장 거창」, 네이버캐스트, 2009년 6월 15일.

2   박상진, 『궁궐의 우리 나무』(눌와, 2001)

3   이종호, 『과학 삼국사기』(동아시아, 2011)

4   장원수, 「산수향의 고장 거창」, 네이버캐스트, 2009년 6월 15일.

5   편집부, 『한옥에서의 하루』(한국관광공사, 2012)

한개마을

1   성주군, 『성주 한개 민속 마을』(성주군, 2012)

2   한필원, 『한국의 전통 마을을 찾아서』(휴머니스트, 2011)

3   서정호, 『한옥의 미』(경인문화사, 2010)

4   신광철, 『한옥 마을』(한문화사, 2010)

5   서정호, 『한옥의 미』(경인문화사, 2010)

6   한필원, 『한국의 전통 마을을 찾아서』(휴머니스트, 2011)

7   정창구, 「[古宅은 살아 있다] 〈25〉성주 한개마을」, 『매일신문』, 2012년 6월 20일.

8   신광철, 『한옥 마을』(한문화사, 2010)

9   신광철, 『한옥 마을』(한문화사, 2010)

10   서정호, 『한옥의 미』(경인문화사, 2010)

11   서정호, 『한옥의 미』(경인문화사, 2010)

12   신광철, 『한옥 마을』(한문화사, 2010)

13   한필원, 『한국의 전통 마을을 찾아서』(휴머니스트, 2011)

14   성주군, 『성주 한개 민속 마을』(성주군, 2012)

성읍마을

1   신정일, 『신정일의 새로 쓰는 택리지: 제주도』(다음생각, 2012)

2   김영돈, 『제주 성읍마을』(대원사, 1989)

3   이영권, 『제주 역사 기행』(한겨레신문사, 2004)

4   주강현, 『제주 기행』(웅진지식하우스, 2011)

5   주강현, 『제주 기행』(웅진지식하우스, 2011)

310

6 　제주도지편찬위원회, 『제주도지(1)』(제주도, 2006)

7 　제주도지편찬위원회, 『제주도지(7)』(제주도, 2006)

8 　제주도지편찬위원회, 『제주도지(1)』(제주도, 2006)

9 　제주도지편찬위원회, 『제주도지(7)』(제주도, 2006)

10 　주강현, 『제주 기행』(웅진지식하우스, 2011)

11 　한필원, 『한국의 전통 마을을 찾아서』(휴머니스트, 2011)

12 　제주도지편찬위원회, 『제주도지(7)』(제주도, 2006)

13 　신광철, 『한옥 마을』(한문화사, 2010)

14 　꿈꾸는 과학, 『뒷간에서 주웠어, 뭘?』(열린과학, 2007)

15 　황훈영, 『우리 조상들은 얼마나 과학적으로 살았을까』(청년사, 1999)

16 　황훈영, 『우리 조상들은 얼마나 과학적으로 살았을까』(청년사, 1999)

17 　홍석화, 『토종 문화와 모듬 살이』(학민사, 1997)

18 　황훈영, 『우리 조상들은 얼마나 과학적으로 살았을까』(청년사, 1999)

역사로 여는
과학문화유산 답사기 2

전통 마을 ❶편

ⓒ 이종호, 2014

초판 1쇄 2014년 5월 16일 펴냄
초판 2쇄 2016년 1월 11일 펴냄

지은이 | 이종호
펴낸이 | 이태준
기획·편집 | 박상문, 박지석, 박효주, 김환표
디자인 | 이은혜, 최진영
마케팅 | 박상철
인쇄·제본 | 대정인쇄공사

펴낸곳 | 북카라반
출판등록 | 제17-332호 2002년 10월 18일

주소 | (121-839) 서울시 마포구 서교동 392-4 삼양E&R빌딩 2층
전화 | 02-486-0385
팩스 | 02-474-1413
www.inmul.co.kr | cntbooks@gmail.com

ISBN 978-89-91945-65-4 04910
        978-89-91945-66-1(세트)

값 17,000원

이 도서의 국립중앙도서관 출판시도서목록(CIP)은 서지정보유통지원시스템 홈페이지
(http://seoji.nl.go.kr)와 국가자료공동목록시스템(http://www.nl.go.kr/kolisnet)에서
이용하실 수 있습니다. (CIP제어번호 : CIP2014014195)